Theresa Huber & Barbara Klingelhöfer

Glücksorte in Amsterdam

Fahr hin & werd glücklich

Dieses

Glücksbuch

ist für

Liebe Glücksuchende,

schon bald nach unserem Umzug von Deutschland in die Niederlande haben wir gemerkt: Amsterdam ist keine Stadt, Amsterdam ist ein Lebensgefühl. So bunt, so offen und so entspannt wie in Amsterdam geht es in keiner anderen Großstadt zu. Fast fühlt man sich wie in einem zu groß geratenen Dorf, wenn man an den wunderschönen Grachten entlangspaziert, in denen sich abends die Lichter der gemütlichen, schiefen Häuschen spiegeln, oder mit dem Rad die versteckten Plätze, romantischen Gärten und idyllischen Hinterhöfe erkundet.

Wir finden: Amsterdam wurde erbaut, um seine Bewohner und Besucher glücklich zu machen. Die einzigartige Schönheit dieser Stadt zaubert uns auch noch nach Jahren ein staunendes Lächeln ins Gesicht und bildet die perfekte Kulisse, um pure Glücksmomente zu erleben.

Wir freuen uns riesig, Ihnen in diesem Buch unsere 80 Lieblingsorte vorstellen zu dürfen, viele abseits der klassischen Touristenmagnete. Wir hätten locker noch 40 weitere hinzufügen können. Denn Amsterdam besteht aus so viel mehr als Tulpen, Käse, Joints und dem Rotlichtviertel. Verwunschene Parkanlagen, besondere Museen, hippe Künstlerviertel, bunt-quirlige Märkte – reisen Sie mit uns an die geheimen und besonderen Orte dieser einzigartigen Stadt. Und schließen Sie Amsterdam fest in Ihr Herz.

Theresa Huber & Barbara Klingelhöfer

GLÜCK

Deine Glücksorte ...

... noch mehr Glück für dich

Das gekrönte Wahrzeichen

1 Der Westertoren

Stolz erhebt sich der mächtige Kirchturm über dem Jordaan, innig geliebt von seinen Bewohnern und eindrucksvoll gekrönt mit einer blauen Kaiserkrone: der Westertoren, der Turm der Westerkerk. Jede Viertelstunde wehen die Klänge seines Glockenspiels durch die Innenstadt und vermitteln ein Gefühl von Stetigkeit und Heimat – wenn man sich erst einmal daran gewöhnt hat, dass die Glocken auch nachts alle fünfzehn Minuten bekannt geben, wie viel Uhr es ist. Schon Anne Frank, deren Versteck direkt neben der Westerkerk lag, berichtete, dass sie sich zunächst an das stete Läuten gewöhnen musste und wie sehr sie die vertrauten Klänge des „liebgewonnenen Westerkerk-Glockenspiels" vermisste, als es ein Jahr später repariert wurde.
Wer an einem Dienstag in Amsterdam ist, sollte sich das Glockenspiel-Konzert nicht entgehen lassen: Dann trägt Boudewijn Zwart, der hauseigene Glockenspieler, ab zwölf Uhr mittags eine Stunde lang sakrale und klassische Werke vor – ein ganz besonderes Erlebnis.
Die Westerkerk ist nicht nur der höchste sakrale Bau von Amsterdam, sondern die erste Kirche der Stadt, die von vorneherein als protestantisches Gotteshaus erbaut wurde. Dass es die weltoffene Stadt Amsterdam mit konfessionellen Befindlichkeiten noch nie so genau nahm, erkennt man daran, dass ihr Architekt Hendrick de Kayser aus einer alteingesessenen katholischen Familie stammte.
In der Westerkerk fand Rembrandt van Rijn seine letzte Ruhe – leider weiß niemand, wo genau –, und auch sein Sohn und seine Geliebte, Hendrickje Stoffels, wurden hier bestattet. 1966 gab Königin Beatrix in der Westerkerk ihrem Mann Claus das Ja-Wort.
Was nur wenige Einwohner und Stadtbesucher wissen: In den Sommermonaten kann der Westertoren im Rahmen einer Führung bis zur ersten Plattform bestiegen werden. Der im wahrsten Sinne des Wortes atemberaubende Weg nach oben lohnt sich allemal, denn von hier aus bietet sich nicht nur der luftigste, sondern auch der mit Abstand prächtigste Ausblick über Amsterdam.

- Westerkerk, Prinsengracht 279, 1016 GW Amsterdam
  www.westerkerk.nl
- ÖPNV: Tram 13, 17, Bus 282, 283, 284, Haltestelle Westermarkt

In luftigen Höhen

2 Auf dem NEMO-Dach

Eine wunderbare und kostenlose Aussicht über die Dächer und Kirchturmspitzen von Amsterdam bietet das Dach des NEMO-Museums, nur wenige Gehminuten vom Hauptbahnhof entfernt. Schon von Weitem fällt einem der außergewöhnliche Bau ins Auge, der sich mit seiner türkisfarbenen Kupferverkleidung wie ein mächtiges Schiff hoch über das östliche Hafenviertel und direkt über den Ij-Tunnel erhebt. Mit seinem Bau wollte der italienische Architekt des Museums, Renzo Piano, nicht nur eine Heimat für das NEMO-Museum entwerfen, sondern eine „Piazza" auf dem Museumsdach schaffen, von der aus Stadtbesucher und -bewohner einen herrlichen Blick auf Amsterdam genießen können. Das ist ihm gelungen – die große Terrasse ist der perfekte Ort, um sich zu entspannen und die Seele baumeln zu lassen.

TIPP

Das Programm des „Zomerdak" wird auf der Internetseite des NEMO bekannt gegeben.

Aber nicht nur zum Ausruhen eignet sich ein Besuch des NEMO-Daches. Die Freiluftausstellung „Energetica" bietet mit ihren Skulpturen und Installationen eine Entdeckungsreise zu den Elementen Wind, Sonnenkraft und Wasser. Das funkelnde Herzstück des Daches ist die Wasserkaskade, vom Architekten selbst entworfen: Sobald die Sonne scheint, fließen 4000 Liter Wasser durch 30 Becken und Behälter und sorgen mit ihrem entspannten Plätschern für zusätzliche Erholung.

Nicht nur Wasser fließt im Sommer auf dem NEMO-Dach, sondern auch Wein und Bier: Jeden Donnerstagabend zwischen Ende Juni und Anfang September treten unter dem Veranstaltungsnamen „Zomerdak" internationale Musiker in luftiger Höhe auf, während lokale Brauereien und Weinhändler zur Verkostung ihres Sortiments einladen. Den Sonnenuntergang über der malerischen Kulisse Amsterdams genießen, ein kühles Getränk in der Hand und dazu feinste Jazz- oder Latin-Klänge – was könnte schöner sein?

Wer nach dem Besuch des Daches Lust auf eine weitere Entdeckungsreise hat, sollte sich das Innenleben des Gebäudes nicht entgehen lassen: Das NEMO-Museum gilt als eines der besten Wissenschaftsmuseen Europas.

- NEMO, Oosterdok 2, 1011 VX Amsterdam
www.nemosciencemuseum.nl
- ÖPNV: Tram 2, 4, 11, 12, 13, 14, 17, 24, 26, Haltestelle Centraal Station, Bus 22, 48, 246, Haltestelle Kadijksplein, Bus 305, 306, 314, 316, Haltestelle Ij-Tunnel

Landleben für Stadtmenschen

3 Der Fruittuin van West

Eine Naturoase im Westen der Stadt, perfekt für eine Radelpause oder als Ausgangspunkt für einen ausgedehnten Spaziergang: der Fruittuin van West. Zwischen Juni und Oktober ernten Besucher hier jeden Tag das leckerste und frischeste Obst; auf der Webseite wird bekannt gegeben, welche der rund zwanzig Obstsorten heute gepflückt werden können. Himbeeren, Kirschen, Erdbeeren, Äpfel und Birnen – auf 6,5 Hektar Land wachsen und gedeihen die Obstsorten unter den fürsorglichen Augen der vielen Mitarbeiter und Freiwilligen, die mit Hingabe und Sorgfalt auf den Feldern arbeiten.

Der Obstanbau steht im Mittelpunkt des Fruittuin van West, aber es gibt auf diesem wunderbaren Stück Land noch so viel mehr zu erleben und entdecken. Zum Beispiel die 240 Legehennen, deren Eier ebenfalls von den Besuchern gesucht und eingesammelt werden können. Welch eine Freude für kleine Stadtbewohner: ein Ei zu finden, das noch ganz warm ist! Sowieso ist der Fruittuin van West ein echtes Kinderparadies. Hier können sie nach Herzenslust herumtoben, zwischen den Obstbäumen schaukeln, die „Pilzgrotte" besuchen oder am Lagerfeuer Stockbrot rösten.

Käseliebhaber können der Käsemacherin Mathilde in ihrer Werkstatt bei der Arbeit zusehen – ihr eigener Käse mit dem niedlichen Namen „Rondje Rondehoep" hat den Amsterdamer Kulinarik-Preis gewonnen. Alle Produkte, die auf dem Fruittuin van West angebaut oder hergestellt werden, werden im Bio-Lädchen zum Kauf angeboten.

Besuchern des Fruittuin van West empfehlen wir einen Spaziergang durch die Nachbarschaft: Von hier aus lassen sich die „Tuinen van West", die sehenswerten Gartenanlagen in der unmittelbaren Umgebung, ganz wunderbar erkunden. Auf dem Rückweg geht es zurück in den Fruittuin und sein ausgesprochen gutes Café, denn hier gibt es nicht nur guten Kaffee, sondern auch die köstlichsten selbst gemachten Kuchen und andere leckere Kleinigkeiten.

- Fruittuin van West, Tom Schreursweg 48, 1067 MC Amsterdam
www.fruittuinvanwest.nl
- ÖPNV: Zug „Sprinter", Haltestelle Halfweg-Zwanenburg

Die ewige Sonnenterrasse

4 Bitterballen und Bier im „Café Fonteyn“

Gleich hinter dem Rotlichtviertel am bekannten Nieuwmarkt liegt das gemütliche „Café Fonteyn“ mit seinem sehr freundlichen Personal. Bunte Seidenblumensträuße zieren die Tische, Retrotapeten die Wände des kleinen Ecklokals, der Dielenboden ist abgelaufen, und die Stühle sind schon weich gesessen. Tagsüber trifft man hier Zeitungsleser, Mal-kurz-einen-Kaffee-Trinker und Sonnenanbeter an. Die große Terrasse steht nämlich von zehn Uhr morgens bis spätabends in der vollen Sonne. Das ist eine kleine Besonderheit in Amsterdam, denn die Grachtenhäuser säumen die Straßen meist so dicht, dass nur wenige Terrassen der Stadt den ganzen Tag direktes Licht haben.

Hier sitzt es sich wunderbar, mit gutem Blick auf den Nieuwmarktplatz, auf dem fast täglich Markt ist. Abends ist die Terrasse beheizt. Dann riecht es rund um das Café nach Frittiertem: Bitterballen, Kaasstengels und kleine Frühlingsrollen werden gerne bestellt. Dazu am besten ein Bier vom Fass, und fertig ist das perfekte „Amsterdamer Abend-Menü“. Eigentlich müsste man zu den Bitterballen etwas Bitteres trinken. So sieht es die Esstradition der schmackhaften in Panade frittierten Fleischragoutbällchen vor. Das Bittere bezieht sich auf ein starkes Kräutergetränk mit Alkohol, am besten einen Jenever oder einen Gin. Aber da nehmen es die Amsterdamer nicht so genau mit dem Brauchtum. Hauptsache, es schmeckt, und daher füllt sich das Lokal mit Bier trinkenden Amsterdamern, meist eher mit jüngerem studentischen Publikum, sofort nach Feierabend schlagartig.

Man witzelt im „Fonteyn“, dass jede Stadt, von Rom bis Berlin, einen Platz mit einem Brunnen hat. Dieser Platz ist in Amsterdam der Nieuwmarkt, und der Brunnen, der niemals versiegt, ist das „Café Fonteyn“. Hier sprudelt es nur so, das Bier – und vor allem auch die gute Stimmung, die jeden Besucher mitreißt.

- Café Fonteyn, Nieuwmarkt 13-15, 1011 JR Amsterdam
  www.cafefonteyn.nl
- ÖPNV: Metro 51, 53, 54, Haltestelle Nieuwmarkt

Jupiler
PILSENER
Fonteyn
15
Fonteyn
café

Kulturgenuss unter Bäumen

5 Das Openluchttheater

Was der Central Park für New York und der Hyde Park für London ist, ist der Vondelpark für Amsterdam. Benannt wurde er nach dem „Shakespeare der Niederlande“, dem Dichter und Dramatiker Joost van der Vondel.
Auf 47 Hektar erstreckt sich die grüne Lunge Amsterdams im südlichen Teil der Innenstadt und bietet ihren Besuchern ein ausgedehntes Naturvergnügen. Tolle Spielplätze, plätschernde Brunnen, gemütliche Cafés, kleine Seen, mächtige Bäume und duftende Wiesen – im Vondelpark lässt es sich wunderbar abschalten und runterkommen. Besonders in den Morgen- und frühen Abendstunden, wenn nicht allzu viele Touristen auf ihren Leihfahrrädern die Spazierwege unsicher machen. Der Vondelpark ist zu jeder Jahreszeit toll, aber am liebsten sind wir dort im Sommer, wenn alles blüht und duftet. Dann öffnen auch die Pforten des Openluchttheaters, auf Deutsch Freilufttheater. Es befindet sich im – aus Innenstadtsicht gesehen – oberen Drittel des Parks, ganz in der Nähe des „‘t Blauwe Theehuis“, des blauen Teehauses.
Zwischen Juni und September wird freitags, samstags und sonntags auf der großen Freilichtbühne ein abwechslungsreiches Programm geboten: Von Solomusikern über Chorvorstellungen, von klassischer Musik bis zu Jazz und Popmusik, von Kindervorstellungen über Tanzdarbietungen bis zu Comedy-Auftritten – im Openluchtheater kommt jeder auf seine Kosten. Und das Allerbeste: Der Eintritt ist frei!
Direkt vor der Bühne sind Stühle aufgereiht, und an den Seiten erheben sich Emporen, auf denen die Zuschauer ebenfalls sitzen können. Es ist also ausreichend Platz vorhanden, trotzdem empfiehlt es sich bei gutem Wetter und bei bekannten Künstlern, ein wenig früher da zu sein. Direkt gegenüber der Bühne steht das Openluchtcafé, in dem man sich vor, während und nach der Vorstellung mit Getränken und kleinen Speisen versorgen kann. Wir finden: Ein Sommertag im Vondelpark kann keinen schöneren Abschluss haben als im Openluchttheater.

- Vondelpark Openluchttheater, Vondelpark 5a, 1071 AA Amsterdam
www.openluchttheater.nl
- ÖPNV: Tram 2, 5, 12, Haltestelle Van Baerlestraat, Tram 1, 11, Haltestelle J.P. Heijestraat, Tram 3, Bus 283, Haltestelle Overtoom

Ein Schluck Tradition

6 Jenever-Likör bei „A. van Wees“

Die Niederländer waren die ersten Likörhersteller der Welt. Jenever, ein Malzwein, dem Wacholderextrakte zugesetzt sind, heißt der alkoholische Stolz der Holländer. Der weitaus bekanntere englische Gin entstand erst später als Variante des niederländischen Jenever, weil der damalige König von England, Wilhelm III. (1650-1702), nicht auf seinen Jenever verzichten konnte. Auch eine Reihe französischer Cognac-Häuser ist ursprünglich niederländisch, und viele Weinsorten, Portwein, Sherry und Madeira wurden zunächst in den Niederlanden hergestellt und dann von hier verschifft. Es waren nämlich die Holländer, die eine Destillationstechnik für Zuckerrohr zur Herstellung von Rum entwickelten. Kein Wunder also, dass ein Amsterdambesuch erst dann abgerundet ist, wenn es kurz in der Kehle brennt – und zwar mit einem Jenever!

TIPP

Am besten das Proeverijbrett mit Jonge en Oude Jenevers bestellen, dann kann man sich durch alle Altersstufen des Likörs durchprobieren!

Den besten der Stadt gibt es bei „A. van Wees distilleerij de Ooievaar“. Seit dem 18. Jahrhundert stellt die Familie van Wees den beliebten Likör her. Keine Massenproduktion, sondern großes Interesse am Beruf und das Bewusstsein der Verantwortung, ein besonderes holländisches Gut herzustellen, treiben die Familie an. Nicht umsonst ist das Handwerk der Feindestillation in das Nationale Verzeichnis des immateriellen Erbes aufgenommen worden. Als Hüter dieser Handwerkskunst hat sich van Wees verpflichtet, das Handwerk zu erhalten und zu fördern.

Im „Proeflokaal van Wees“ kann man dieses „Erbe“ mit allen Sinnen spüren. Schon das Interieur lässt erahnen, dass hier Altes und Besonderes wartet: eine Galionsfigur über dem Eingang, das mit dunklem Holz ausgekleidete Lokal, das wie eine mittelalterliche Schiffskombüse anmutet, lodernde Kerzen und große Holzfässer, die an den Wänden aufgestapelt sind. Auf der Karte finden sich verschiedene Jeneversorten, sortiert nach Jung, Alt und Sehr Alt. Das Personal berät gerne, oder man bestellt einfach verschiedene Sorten und lässt sich vom guten Geschmack berauschen. Im wahrsten Sinne des Wortes, denn wenn es sich hier nicht gut (be-)trinken lässt, dann nirgendwo in Amsterdam.

● Proeflokaal A. van Wees, Herengracht 319, 1016 AV Amsterdam
www.proeflokaalvanwees.nl
● ÖPNV: Tram 4, 11, 12, Haltestelle Spui

Pracht des Vergangenen

7 Ein Besuch im Museum Willet Holthuysen

Die Herengracht, die Herrin der Grachten, ist die Gracht der größten und teuersten Häuser, der beeindruckenden Gärten, der Stadtpaläste und des Bürgermeisterhauses, der Häuser mit meterhohen Fenstern, breiten Fassaden und monumentalen Eingangshallen. Hier befinden sich die Häuser der mächtigsten und reichsten Familien Amsterdams, so auch das Haus der Willet-Holthuysen-Familie mit der Hausnummer 605.

Die Doppelvilla wurde 1687 zum Ende des Goldenen Zeitalters erbaut. Mehrere Familien haben hier gelebt, so auch Abraham Willet und seine wohlhabende Frau Sandrina Louisa Geertruyda Holthuysen zwischen 1861 und 1895. Heute ist die Villa ein Museum, das das Leben des Ehepaares zu einer der prunkvollsten Zeiten Amsterdams nachfühlen lässt. Nachdem das reiche Kaufmannspaar kinderlos blieb, wünschte sich Louisa nämlich, dass ihr Haus zum Museum werden sollte. All die wertvollen Objekte, die umfangreiche Kunstsammlung und das Grachtenhaus selbst wurden der Stadt Amsterdam vermacht – mit der Bedingung, das Haus einem breiten Publikum zugänglich zu machen.

TIPP

Die Bänke im symmetrischen, französischen Buchsbaum-Garten des Museums laden zum Verweilen ein!

Ein Jahr nach ihrem Tod öffneten sich deshalb die Türen des Willet-Holthuysen-Hauses wieder, und der letzte Wunsch der ehemaligen Hausherrin wurde erfüllt: Ihre geliebte Villa war ein Museum, und zwar eines der schönsten der Stadt.

Die verschiedenen Zimmer im Stil des 18. und 19. Jahrhunderts überwältigen mit überladendem Prunk. Aus dem Staunen kommt man hier nicht mehr heraus. Manche der Zimmerwände sind mit schillernden, tiefblauen Tapeten ausgekleidet, und überall steht Mobiliar, das von den besten Tischlern seiner Zeit aus edlen Hölzern aus fernen Ländern gefertigt wurde. Der beeindruckende Ball-, Garten- und der Speisesaal lassen nur erahnen, wie reich das Paar Willet-Holthuysen gewesen sein muss. Die Küche und Speisekammer im Untergeschoss dagegen geben einen Einblick in die tägliche Arbeit der Hausangestellten. Ein Museumsbesuch, der einen in eine einzigartige Zeit zurückversetzt!

- Museum Willet-Holthuysen, Herengracht 605, 1017 CE Amsterdam
  www.willetholthuysen.nl
- ÖPNV: Tram 4, 14, Bus 285, 287, 289, 291, 293, Haltestelle Rembrandtplein

Kultur & Gaumenfreuden

8 Auf Foodtour durch Amsterdams Innenstadt

Was gibt es Schöneres, als eine Stadt von ihrer kulinarischen Seite kennenzulernen? Wir zwei Schleckermäulchen sind uns natürlich einig, dass gerade unsere Lieblingsstadt Amsterdam, die an jeder Ecke mit einem Gaumenschmaus aufwartet, am besten mit einer Essenstour erkundet werden sollte. Eine solch schmackhafte Tour kann man beispielsweise bei Amsterdamliebe buchen, einem jungen, deutschen Amsterdamer Stadtführungsunternehmen. Die Kulturelle Essenstour durch die historische Innenstadt verbindet dabei Kunst, Kultur und Historie mit zahlreichen wunderbaren Schmankerln.

Die dreistündige Tour führt dabei durch alle Epochen der Stadtgeschichte und wird durch zahlreiche leckere Gaumenfreuden abgerundet. Man erfährt, wie es sich früher und heute in dieser weltoffenen, toleranten Multikultistadt leibt und lebt, und natürlich dürfen die wichtigen Sehenswürdigkeiten des Stadtzentrums auch nicht fehlen. Auf der Tourroute wird dabei aber immer wieder bei schmackhaften Essensmöglichkeiten eingekehrt. Bei jedem dieser Stopps, gibt es kleine hapjes, wie es die Niederländer nennen: leckere typische Gerichte Amsterdams wie Goudakäse, Hering, Stroopwafels und Bitterballen oder auch einfach nur himmlische Kreationen, die man sich nicht entgehen lassen darf.

Zusammen ergeben die einzelnen „Gänge" eine volle große Mahlzeit. Bei manchen Stationen werden die Gerichte geteilt, damit nicht allzu schnell Sättigung eintritt. Schließlich darf der Appetit nicht schon auf den ersten Metern ausgehen, denn es wartet einfach zu viel Leckeres auf die Tourteilnehmer.

Abgerundet wird die lockere Stadtführung aber vor allem durch die persönlichen Geschichten und Anekdoten der netten Stadtführer. Es werden auch viele Tipps gegeben, wie man die Zeit in Amsterdam wunderbar verbringen kann. Dieser Rundgang ist daher eine perfekte Einführung in die Grachtenstadt und sollte idealerweise an den Beginn des Amsterdamaufenthalts gelegt werden. Viel Spaß beim Entdecken und Genießen!

- Treffpunkt der Tour: am Nationalmonument am Damplatz, 1012 JL Amsterdam www.amsterdamliebe.de
- ÖPNV: Tram 2, 11, 12, 13, 17, Bus 282, 283, 384, Haltestelle Dam

REYPENAER
XO
VERA

Relikt vergangener Zeit

9

Der Zauber des Büchermarktes im Oudemanhuispoort

Verborgen im Zentrum Amsterdams gibt es einen ganz besonderen, fast magischen Ort, an dem man sich in das 17. Jahrhundert zurückversetzt fühlt: den alten Büchermarkt im Oudemanhuispoort. Versteckt gelegen, ist dieser Büchermarkt einer der ältesten Hollands. Der Büchermarkt befindet sich in einer Passage, die zwischen zwei Gebäuden der Amsterdamer Universität hindurch führt. Weil in den Räumlichkeiten des heutigen Unicampus um 1600 „alte Männer" wohnten, es also lange Zeit ein Seniorenheim war, heißt der gesamte Komplex heute „die Pforte des Alte-Männer-Hauses", im Niederländischen Oudemanhuispoort.

Ab Mitte des 18. Jahrhunderts wurden dann kleine Verkaufsstände in die Gewölbe der Passage hineingebaut, an denen zu Beginn nicht nur gebrauchte Bücher, sondern auch Edelmetalle, Lithografien, Grafiken und Zeichnungen verkauft wurden. Viele Künstler kauften hier Drucke, um sich inspirieren zu lassen. Auch Vincent van Gogh soll regelmäßig durch den Gang flaniert sein und hat hier wohl seine japanischen Farbholzschnitte erstanden, die seine Kunst von nun an stark beeinflussten.

TIPP

Van Goghs wichtigste Werke aus seiner japanischen Phase sind im Van Gogh Museum zu bewundern, so z. B. seine wunderschönen Kirschblüten!

Ab dem 19. Jahrhundert hat sich der kleine Markt dann zu einem reinen Büchermarkt entwickelt. Das Besondere ist, dass sich diese Passage nahezu im Originalzustand befindet. Das Tageslicht fällt nur spärlich in den Gang. Die Türen der Bücherstände knarren, die Werbeschilder sind teilweise aus Vorkriegszeiten, und die Bücher strahlen eine unglaubliche Ruhe aus. Eine Art Ehrfurcht vor dem Vergangenen ergreift einen deshalb hier. Es ist „fast wie ein Zauber", flüstert eine deutsche Besucherin, als sie den Gang betritt, während wir Fotos für dieses Buch machen. Das beschreibt es sicherlich am besten. Und wer doch nicht nur im dämmerigen Gang durch seine neu gekauften Bücher blättern möchte, setzt sich auf die Bänke der ruhigen Universitätsgärten, die durch ein Tor in der Mitte des Büchermarktes für jeden zugänglich sind. Hier ist er also, der Bücherhimmel!

- Boekenmarkt Oudemanhuispoort, CN, Oudemanhuispoort, Amsterdam
- ÖPNV: Tram 4, 14, 24, Bus 285, 287, Metro 52, Haltestelle Rokin

RENTEN MUZIEK-BOEKEN
N VERKOOP VAN BOEKEN
OP ELK GEBIED
8
nlx

Kaffee mit Pferdegeruch?

10 Versteckt im Stadtzentrum: die Hollandsche Manege

Plötzlich steigt einem mitten auf der belebten Innenstadtstraße Overtoom, zwischen Vondelpark und Leidseplein, Pferdegeruch in die Nase. Der unerwartete ländliche Geruch führt einen zu einem sehr besonderen, versteckten Ort Amsterdams, zur Hollandsche Manege, die selbst viele Amsterdamer nicht kennen. Von außen kaum wahrzunehmen, lässt sich schwerlich erahnen, was drinnen in der Niederländischen Hofreitschule auf den Besucher wartet: ein Pferdekleinod der Extraklasse!

Alle neugierigen Menschen sind herzlich willkommen. Man muss also kein Reiter sein, um sich hier umzusehen und das Flair der Manege genießen zu können. Unter dem Namen Het Levend Paardenmuseum, das Lebende Pferdemuseum, ist die Reitschule jeden Tag zwischen 10 und 17 Uhr geöffnet. Sofort fühlt man sich beim Betreten in alte Zeiten zurückversetzt. Kein Wunder, denn das Gebäude ist nicht nur ein nationales Denkmal und Kulturerbe, es ist auch die älteste Reitschule der Niederlande. Eine kleine Ausstellung zeigt die Geschichte des Gebäudes und viele Bilder prachtvoller Pferde beim Dressurreiten. Das Highlight des Museums ist aber natürlich die überwältigende, reich verzierte Manege. Vor dieser barocken Kulisse wird heute noch jeden Tag geritten.

Den talentierten Reitern lässt sich vom prächtigen Café mit Balkon bei einer Tasse Kaffee und einem Stück Kuchen zusehen. Wer allerdings lieber einer professionellen Reitvorführung beiwohnen möchte, der besucht die Hollandsche Manege am besten, wenn einmal im Monat Karussell geritten wird. Dann tragen die Reiter Kleidung aus dem 18. Jahrhundert, und es werden Reitfiguren zu traditioneller Musik vorgeführt. Beeindruckend!

Wem das nicht genug ist und wer die Pferde streicheln möchte, der kann die vierbeinigen Freunde in ihren Ställen besuchen. Man kann nämlich im gesamten Gebäudekomplex frei herumlaufen, alles erkunden, beim Füttern, Ausmisten und Striegeln helfen – und das mitten in der Stadt!

- Hollandsche Manege, Vondelstraat 140, 1054 GT Amsterdam
www.dehollandschemanege.nl
- ÖPNV: Tram 1, 11, Haltestelle 1e Con. Huygensstraat, Tram 3, Bus 283, Haltestelle Overtoom

Wunderschöner Blütentraum

11 Blumen bei „Pompon“

Blumen und Holland gehören einfach unzertrennlich zusammen. Wer also in die Welt der Blumen in Amsterdam eintauchen möchte, der sollte nicht etwa den Blumenmarkt besuchen (auf dem es mittlerweile nur noch Blumenzwiebeln und keine blühenden Schnittblumen mehr gibt), sondern einen der zahlreichen Blumenläden Amsterdams. Die Blumengeschäftsdichte ist wesentlich höher als in anderen Städten. Das liegt zum einen daran, dass Blumen hier im Allgemeinen viel preisgünstiger sind als zum Beispiel in Deutschland, aber vor allem auch an der so oft zitierten Stilsicherheit der Amsterdamer. Zu einem gut eingerichteten Haus, zum täglichen Glück am Frühstückstisch gehört einfach ein schöner, bunter Strauß aus verschiedenen Blüten, dessen zarter Geruch einem sofort ein Lächeln ins Gesicht zaubert.

TIPP
Wem der Partner zu lange im Blumenladen verschwindet, kann gleich nebenan, in der ältesten Kneipe Amsterdams, ein Bier trinken!

Ein wirklich wunderschönes Blumengeschäft ist „Pompon“. Dieser besondere Laden überwältigt mit einem außergewöhnlichen Sortiment an exzentrischen, exotischen Blüten und Farben, vor allem aber mit der typischen „Pompon“-Art, Blumen zu binden. Kein Grün, keine Füllelemente kommen in den Strauß: nur bunte Blumen, die teilweise sehr lang und lose gebunden werden. Man könnte es den „Signature-Strauß“ „Pompons“ nennen. „Pompon“ bindet so schöne Blumenkreationen, dass die Floristen auch regelmäßig die königliche Familie mit ihren Sträußen ausstatten. Königin Maxima oder die Prinzessinnen tragen bei vielen öffentlichen Auftritten Blumen in den Händen, und diese kommen häufig aus dem „Pompon“-Laden in der Prinsengracht. Einen Hoflieferanten könnte man „Pompon“ also fast nennen. Doch selbst wenn man sich als Amsterdambesucher nun keinen frischen Strauß kaufen möchte, der Besuch des Ladens lohnt sich. Es gibt hier nämlich nicht nur prachtvolle Schnittblumen, sondern auch besondere Topfpflanzen und täuschend echt anmutende Seidenblumen. Und Seidenblumen kann man natürlich problemlos mit in die Heimat nehmen.

- Pompon Bloemenwinkel, Prinsengracht 8-10, 1015 DV Amsterdam www.pomponshop.nl
- ÖPNV: Tram 3, Haltestelle Nw. Willemsstraat, Bus 18, 21, 22, 281, 288, Haltestelle Buiten Oranjestraat

POMPON
AMSTERDAM

Bier im Badhaus

12 Die IJ-Brouwerij, ein Amsterdamer Original

120 Jahre lang gab es in Amsterdam keine neue Brauerei. Das musste geändert werden, dachte sich Bassgitarrist Kaspar Peterson, der eine Vorliebe für belgische Biere hat. Belgisches Bier ist stark und aromatisch: Das brauchen die Amsterdamer! Also griff er kurzerhand selbst zu Hopfen und Hefe und braute daheim sein erstes Bier. Seine Kreation mit dem vollen Geschmack nannte er das Zatte.

34 Jahre ist das nun her, und mittlerweile ist das Zatte der Klassiker der „Brouwerij 't IJ", denn was mit ein paar Fläschchen begann, entwickelte sich schnell zu einer heimischen Mini-Brauerei. Doch nachdem Kaspers Frau immer wieder neben einem Sack Malz aufwachte, weil ihr Mann das Schlafzimmer in einen Gärraum verwandelt hatte, verlangte sie das Aus der häuslichen Brauaktivitäten. Es war eindeutig an der Zeit, dass Kaspar seine Bassgitarre an den Nagel hängte und ein professioneller Braumeister wurde. Kurz darauf stolperte er über einen Artikel über die Schließung der Amsterdamer Badhäuser und wusste sofort, dass dies die Antwort auf sein Problem sein könnte. Er besichtigte drei von ihnen, und wie man so schön sagt: Der Rest ist Geschichte.

TIPP

Am Wochenende kann man um 15.30 Uhr an einer Tour durch die Brauerei teilnehmen!

Das Badhaus, das Kasper als Standort für seine Brauerei wählte, stammt aus dem Jahre 1911 und liegt zum einen direkt am Wasser – dem IJ – und zum anderen neben der höchsten hölzernen Windmühle der Niederlande. Was will man mehr? Craft Bier natürlich! Und das gibt's in der „Brouwerij 't IJ" heute in verschiedenen Ausführungen, denn das Angebot der Standardbiere Zatte, Natte, Ijwit, Columbus, Flink, Struis und I.P.A. wird regelmäßig durch saisonal wechselnde Brauvariationen erweitert.

Wenn man beim Bestellen genau hinschaut, sieht man noch die Seifenhalter an den Wänden, die an die Vergangenheit dieses Gebäudes erinnern. Und wo Männlein und Weiblein einst streng getrennt waren, noch immer erkannbar an den alten Eingangsschildern, da darf man heute im urigen Verkostungsraum oder auf der Terrasse am IJ gemütlich beisammensitzen und ein kühles Zattes genießen.

- Brouwerij 't IJ, Funenkade 7, 1018 AL Amsterdam
www.brouwerijhetij.nl
- ÖPNV: Tram 7, Haltestelle Hogte Kadijk, Tram 14, Haltestelle Pontanusstraat

BROUWERIJ 'T IJ
AMSTERDAM

Niederländisches Design

13 Inspiration und Shopping bei „Droog Design“

Die Amsterdamer haben spätestens seit dem „Goldenen Zeitalter“ eine ausgeprägte Liebe für Kunst und Design. Schon immer umgaben sich die reichen und gebildeten Bürger der Grachtenstadt mit wunderschönen Objekten. Was früher die Maler Rembrandt und Vermeer waren, sind heute die zeitgenössischen Designer der Künstlerplattform „Droog“, die vom Designduo Renny Ramakers und Gijs Bakker gegründet wurde.

Die Künstler der Plattform sind berühmt für ihre Kreativität und ihre vielen guten Entwürfe. In den 1990er-Jahren fand „Droog Design“ aufgrund seines intuitiven Verständnisses für modernes Design schnell eine große Fangemeinde. Viele der innovativen, minimalistischen Gegenstände der Künstler setzten neue Maßstäbe in der Branche und prägten zeitgenössische Designpraktiken. 1993 präsentierte das Gründerpaar auf der Mailänder Möbelmesse eine Reihe von Interieurprodukten aus wiederverwendeten Industriematerialien. Diese Kollektion trug den Titel Droog, zu Deutsch trocken, wegen ihrer bescheidenen Sensibilität und ihrer bewusst strengen Ästhetik. „Droog“ war fortan der Name der Designplattform für zeitgenössisches, niederländisches Design.

Nach ihrem erfolgreichen Debüt arbeitete das Design-Unternehmen mit vielen namhaften holländischen Designern zusammen und stellte ihre Arbeiten auf Fachmessen und in Galerien in aller Welt aus. Mit der Zeit wuchs allerdings der Wunsch, einen festen Ausstellungsort zu haben, am besten in Amsterdam, der wichtigsten Design- und Kunststätte des Landes. Renny und Gijs kauften daher eine ehemalige Textilfabrik in ihrer geliebten Grachtenstadt und bauten sie zu ihrem Hauptsitz um. Später wurde das „Droog“-Gebäude um einen Designladen, eine Galerie, ein Restaurant und ein Minihotel mit einem einzigen Einzelzimmer erweitert. Für Designliebhaber ist dies also der Himmel auf Erden: Im perfekt eingerichteten Hotelzimmer aufwachen, im kleinen Café des Hauses wunderbar frühstücken und sich dann ausgiebig in der Galerie und im Designladen inspirieren lassen. Für Freunde des guten Designs ist „Droog Design“ also ein Muss!

● droog amsterdam, Staalstraat 7-A, 1011 JJ Amsterdam
www.droog.com
● ÖPNV: Tram 4, 14, Bus 285, 287, 289, 291, 293, Haltestelle Rembrandtplein

DEALING WITH THE
PUMP & DUMP SELF
REVOLT
I DES
U DES
URGENCY
MINIMIZE YOUR
IMPACT

Die Exzentrik feiern!

14 Drag Queen Show im „Amstel 54"

Man braucht sich nur die Liste der Amsterdamer Coffeeshops anzusehen, um zu wissen, dass die Grachtenstadt eine der liberalsten Metropolen der Welt ist. Daher verwundert es nicht, dass es auch ein Ort ist, der die LGBT-Gemeinschaft mit offenen Armen empfängt. Die Schwulenszene in Amsterdam ist mit mehr als 100 schwulen und lesbischen Bars, Clubs, Saunen, Geschäften und Hotels eine der größten Europas. Die beliebtesten schwulen Treffpunkte in Amsterdam finden sich in der Reguliersdwarsstraat, Amstel und Kerkstraat. Wer Abenteuerlicheres vorhat, geht am besten gleich in die Warmoesstraat und auf den Zeedijk, gleich am angrenzenden Rotlichtviertel, denn hier sind die einschlägigsten Etablissements der Szene. Hier trifft man auf Gleichgesinnte, aber natürlich sind in all den Bars und Discos auch Heterosexuelle gerne gesehen.
Eine sehr aufgeschlossene Kneipe am Rande des Rembrandtpleins ist „Amstel 54". Hierher kommen Menschen jeden Alters und jeder Nationalität. Die Bar ist eine der ersten Schwulenbars Amsterdams. Mittwochs treffen sich homosexuelle, bisexuelle, transgender und queere Studenten, organisiert von der Studentenvereinigung A.S.V. Gay der Amsterdamer Universität. Neue Studenten, die ein Auslandssemester in Amsterdam absolvieren oder sich ganz für ein Studium hier entschieden haben, sind immer willkommen.
Aber nicht nur dafür ist das „Amstel 54" stadtbekannt. Jedes Wochenende findet nämlich eine lebensfrohe Drag Queen Show statt (kostenloser Eintritt!). Dann ist die kleine Kneipe rappelvoll. Die Besucher drängen an die Theke, die zum Laufsteg umgebaut wurde, und fiebern beim Gesangswettbewerb mit ihren exzentrisch geschminkten Idolen mit. Gesungen werden Hits aus den Pop-Charts, vom Eurovision Song Contest und manchmal auch niederländischer Schlager. Zwischendurch werden sexy Outfits präsentiert, Gedichte vorgelesen, Autogramme geschrieben, wird für Fotos der Besucher posiert und werden Küsschen an Bekannte verteilt. Das Glamourleben kann hier voll und ganz ausgelebt werden. Darauf gleich mal die Gläser heben!

- Amstel Fifty Four, Amstel 54, 1017 AB Amsterdam
- ÖPNV: Tram 4, 14, Bus 285, 278, Haltestelle Rembrandtplein, Tram 24, Haltestelle Muntplein

Ice, Ice, Baby!

15 Schlittschuhlaufen mit Blick aufs Rijksmuseum

Wenn es in Amsterdam frostig wird und die Grachten der Stadt zufrieren, dann holen Jung und Alt ihre verstaubten Schlittschuhe raus und begeben sich wagemutig aufs Eis. Und wenn die Kälte tatsächlich mal mehrere Tage andauert, dann kommt es zu einem sensationellen Eislaufereignis, das bis zu zwei Millionen Menschen in die Provinz Friesland lockt: die *Elfstedentocht* oder Elf-Städte-Tour. Die Freude der Niederländer kennt keine Grenzen, wenn sich zwischen elf friesischen Städten eine 200 Kilometer lange Eisbahn bildet. So was muss natürlich ausgenutzt werden! Dann zieht es um die 15.000 Eisschnellläufer aufs Eis, die alle versuchen, in Rekordzeit von Leeuwarden nach Dokkum und wieder zurück zu *schaatsen.*

Seit der ersten Elf-Städte-Tour 1890 hat die weltweit größte Eisschnelllauftour allerdings erst 15 Mal stattgefunden; das letzte Mal im Jahre 1997. Wer also nicht auf die nächste Eiszeit warten und sich mitten in Amsterdam dennoch mal aufs gefrorene Nass wagen möchte, der tut das am besten auf dem Museumplein. Dieser von Amsterdams Topmuseen umgebene Platz wird jährlich von Ende November bis Ende Januar in eine 1400 Quadratmeter große Schlittschuhbahn verwandelt.

TIPP

Wer seine Eislaufbahn-Tickets vorab online bucht, erhält einen kleinen Preisnachlass!

Tagsüber ist hier Schlittschuhspaß für die ganze Familie angesagt, und für die noch unerfahrenen Schlittschuhläufer gibt es einen Stuhl zum Festhalten, den man zum Stabilisieren des Körpers über die Eisfläche schieben kann. Wer das Ganze lieber den Profis überlässt, kann von der Seitenlinie zuschauen und sich dabei in der gemütlichen Brasserie nebenan noch mit einer heißen Schokolade oder einem Tässchen Glühwein aufwärmen.

Abends wird die Eisbahn dann zum idealen Ort für Turteltäubchen. Die Beleuchtung der Bäumchen ringsum sorgt für eine romantische Atmosphäre, und die kleine Brücke, die über die Eisbahn gebaut ist, ist ein idealer Ort für einen Kuss, bevor man weiterschlittert, denn sie ist eine Nachbildung der *Magere Brug*, jener Amsterdamer Brücke, der man nachsagt, dass ein Kuss unter ihr ewige Liebe garantiert.

- Ice*Amsterdam, Museumplein, 1071 DJ Amsterdam
www.iceamsterdam.nl
- ÖPNV: Tram 3, 5, 12, Haltestelle Museumplein

HERCULES SEGERS

Kaffee in der Kirche

16 Das Café „Koffieschenkerij"

Inmitten der Betriebsamkeit des Rotlichtviertels, einem der meistbesuchten Quartiere von Amsterdam, verstecken sich der romantische Garten und die wunderschönen Räumlichkeiten der „Koffieschenkerij". Wenn man dieses kleine Café nicht kennt, läuft man leicht daran vorbei – es ist eines der bestgehüteten Geheimnisse der Innenstadt.
Sitzt man bei Sonnenschein an einem der Tischchen unter den Bäumen des idyllischen Vorgartens oder lauscht den herabfallenden Regentropfen im urgemütlichen, holzvertäfelten Dachzimmer mit seinen Buntglasfenstern, ist man einfach nur glücklich, dieses kleine Juwel entdeckt zu haben. Nicht wenige Gäste bezeichnen die Koffieschenkerij als einen der schönsten Orte von Amsterdam, es gehört zu unseren absoluten Lieblingscafés.
Kein Wunder – wenige Cafés sind an einem so außergewöhnlichen Ort untergebracht. „De Koffieschenkerij" befindet sich in der umgebauten Sakristei der „Oude Kerk", einem der ältesten Bauten der Stadt. Die beeindruckende steinerne Kirche wurde um 1300 errichtet, als sich Amsterdam zu einer bedeutenden Handelsstadt entwickelte. Der Kontrast zwischen der großen und ehrwürdigen Kirche und den rot beleuchteten Fenstern und schrillen Sextheatern, die sie umringen, erstaunt auf den ersten Blick. Aber die strategisch gute Lage in Laufnähe des ehemaligen Stadthafens erklärt, warum die Kirche gut an den Seefahrern und ihren Ablasszahlungen verdiente, nachdem sich diese im Rotlichtviertel vergnügt hatten …
Vergnügen bereiten in der Koffieschenkerij nicht nur die historische Location und die geschmackvolle Einrichtung, sondern auch der unglaublich leckere Kaffee und die köstlichen Kuchen. Auch herzhafte Kleinigkeiten wie belegte Brote oder eine Suppe können hier verzehrt werden; alle Zutaten stammen von lokalen Betrieben.
Sogar der WC-Besuch ist in der Koffieschenkerij etwas Besonderes: Wartet man vor der Toilettentür, kann man durch eine große Glastür in das Kirchenschiff der Oude Kerk blicken.

● De Koffieschenkerij, Oudekerksplein 27, 1012 GX Amsterdam
www.koffieschenkerij.com
● ÖPNV: Tram 2, 11, 12, 13, 17, Haltestelle Dam

Welcome!
Also seats
inside

Schnurrende Cafébewohner

17 „Kattencafé Kopjes“: Kaffeetrinken mit Kneipentigern

In vielen Kneipen und Cafés Amsterdams wartet eine schnurrende Besonderheit auf den Besucher: der Kroegtijger, zu Deutsch: der Kneipentiger. Gerade die urigen, alteingesessenen Cafés haben nicht nur Barpersonal und Bedienungen, sondern auch eine Katze. Zwei der bekanntesten Kneipentiger sind Claus vom „Café Bax“ (Ten Katestraat) und Wolf vom „Café de Prins“. Die beiden, aber auch alle anderen Katzen und Kater der Amsterdamer Cafés und Kneipen, schmiegen sich den kaffee- oder biertrinkenden Besuchern an und lassen sich liebend gerne streicheln. Selbst in Coffeeshops, in denen sich der Marihuanarauch staut, finden sich oft Kneipentiger. Diese sind im Vergleich zu den Tieren in normalen Cafés aber auffallend entspannt und dösen meist vor sich hin, während die Kunden am gleichen Tisch ihren Joint drehen.

Die Katzen sorgen aber nicht nur dafür, dass die Kneipen noch gemütlicher sind, die Besucher glücklicher und die Stühle vorgewärmt werden, sondern vor allem auch dafür, dass die Bars mäusefrei bleiben. Denn in einer Grachtenstadt wie Amsterdam wimmelt es nur von unerwünschten Nagetieren. So allerdings kann man in den Cafés mit Kneipentigern getrost krümeln, denn die Mäuse werden hier nicht auf den Tischen tanzen.

Und weil die Amsterdamer die Katzen in ihren Bars so lieben, fanden sie, dass es einfach noch nicht genügend Cafés mit den kuscheligen Tieren gab. Deshalb öffnete 2015 nach einer Crowdfunding-Kampagne auch noch in Amsterdam West ein echtes Katzencafé mit nicht nur einer, sondern gleich acht Katzen. Der Trend des Katzencafés musste also nach New York und Tokio auch nach Amsterdam kommen. Denn in einer Stadt wie Amsterdam, in der es so viele Katzen pro Kopf gibt wie in kaum einer anderen westlichen Stadt, war klar, dass dieses Konzept sehr willkommen sein würde. Spätestens im Katzencafé kommen Katzenliebhaber also voll auf ihre Kosten!

- Kattencafé Kopjes, Marco Polostraat 211, 1057 WK Amsterdam
www.kattencafekopjes.nl
- ÖPNV: Tram 13, Bus 18, 247, Haltestelle Marco Polostraat, Tram 19, Haltestelle Admiraal de Ruijterweg

Bier

Kreatives Streetartwalhalla

18

Das alternative Amsterdam: die NDSM-Werf

Die NDSM-Werf (im Niederländischen fehlt dem Wort „Werft" das „t" am Ende) in Amsterdam Noord ist ein zerklüftetes, abenteuerliches und ikonisches Gebiet am IJ-Kanal. Der liberale Charakter des Viertels, die postindustriellen Gebäude und die kreative Atmosphäre bilden die Kulisse, in der Kultur, Selbstorganisation und Stadtentwicklung zusammenkommen.

Auf dem Gelände befand sich einst die größte Werft der Welt, die NDSM. In der Nachkriegszeit des zunehmenden Wohlstands wurden hier in gigantischem Maße Frachtschiffe und Tanker hergestellt. In den 1980er-Jahren ging die Werft jedoch in Konkurs. Das Unternehmen hinterließ eine Stadt aus Beton und Stahl. Die leer stehenden, verfallenen Gebäude waren die ideale Brutstätte für kreative Köpfe, Künstler, Musiker und Start-ups. Nicht nur, dass die riesigen Betonwände die besten Leinwände für überdimensionale Graffiti wurden, die ehemaligen Fabrikhallen wurden auch zu Ateliers und Werkstätten umgebaut, sodass die Kreativität freien Lauf hatte.

Hier herrscht eine Atmosphäre wie in Brooklyn oder in Kreuzberg: alternativ, frei, anders. Amsterdam abseits der Grachtenromantik: ein unverzichtbares kulturelles Heiligtum, wie die NDSM-Werf-Stiftung das Viertel beschreibt. Das Werft-Gelände ist leicht zu Fuß zu erkunden. Auf dem ganzen Areal liegen zahlreiche Kunst- und Modegeschäfte. Unbedingt muss man die riesige Halle „NDSM Scheepsbouwloods" besuchen, denn hier findet sich ein außergewöhnliches Atelier neben dem anderen, und zwar in Containern und Häuschen, oft aus recycelten Materialien, immer in verrückten Formen und Farben, die verschachtelt ineinandergesetzt wurden! Aber auch Highlights wie das Street Art Museum, der Faralda-Kran, die verlassenen Tramwagen und der Stadtstrand dürfen nicht fehlen. Den Strand erreicht man am besten über das „Pllek", ein aus alten Seecontainern bestehendes Café mit sonnendurchfluteter Terrasse. Ein weiteres Lieblingscafé ist das „Noorderlicht", errichtet in einem alten Gewächshaus mit einem großen Außenbereich am Wasser mit Lagerfeuer.

● NDSM, NDSM-Plein 28, 1033 WB Amsterdam, www.ndsm.nl
NSDM Scheepsbouwloods: www.ndsmloods.nl; Pllek: www.pllek.nl;
Noorderlicht Café: www.noorderlichtcafe.nl
● ÖPNV: Fähre 900, 903, 905, vom Anleger Pontsteiger oder Centraal Station zum Anleger NDSM

Let me be myself
STRAAT

Ein Geheimtipp im Norden

19

Das „Hotel de Goudfazant“

Wie kann ein Restaurant noch einige Jahre nach seiner Eröffnung ein echter Geheimtipp sein? Vieles am Hotel de Goudfazant führt in die Irre: Nennt man dem Taxifahrer die Adresse, fährt er aus der Innenstadt heraus, durch den Ij-Tunnel hindurch und landet schließlich im eher unwirtlichen Teil von Amsterdam-Noord, in dem sich Lagerhaus an Lagerhaus reiht. Kurz fragt man sich als Fahrgast, ob man tatsächlich die richtige Adresse genannt hat, denn nichts deutet darauf hin, dass sich hier eines der besten Restaurants der Stadt verbirgt. Oder ist es gar kein Restaurant, sondern doch ein Hotel, wie der Name sagt?

Nein, das Hotel de Goudfazant bietet keine Betten für müde Touristen, sondern hervorragende Speisen zu äußerst moderaten Preisen in einem einzigartigen Ambiente: Die ehemalige Lagerhalle, in der das Hotel de Goudfazant untergebracht ist, hat beeindruckende Ausmaße, und durch die riesigen Schiebetüren erkennt man die hohen Decken, Stahlbalken und unverputzten Mauern, die dem Restaurant seinen außergewöhnlichen Charme verleihen. Im hinteren Teil sind in die Jahre gekommene Autos aufgebockt – unter anderem ein alter Porsche –, es wirkt, als hätten die Mechaniker ihre Halle gerade erst verlassen. Einen optisch wunderbaren Kontrast zu dieser hippen, industriellen Atmosphäre bilden die Tische mit ihren weißen Tischdecken und dem feinem Gedeck. Abgerundet wird das besondere Restaurant-Erlebnis durch die freundlichen und fachkundigen Bedienungen, sie empfehlen den köstlichen Wein zum exzellenten Essen. Ob Menü oder Hauptspeise: Jeder Gast sollte unbedingt einen Nachtisch kosten, denn die Desserts hier sind unglaublich lecker.

Das Hotel de Goudfazant ist zu jeder Jahreszeit einen Besuch wert, aber wenn im Sommer die großen Schiebetüren offen stehen, der Blick auf das Wasser und die vorbeifahrenden Schiffe fällt, während das hervorragende Essen serviert wird, ist man überglücklich, sich an diesen geheimen Ort in Amsterdam verirrt zu haben.

TIPP

Das Hotel de Goudfazant lässt sich auch mit kostenloser Fähre und Fahrrad erreichen.

- Hotel de Goudfazant, Aambeeldstraat 10, 1021 KB Amsterdam
  hoteldegoudfazant.nl
- ÖPNV: Bus 35, 38, 301, 315, 319, Haltestelle Merelstraat, Bus 34, 35, 291, 293, Haltestelle Noorderpark

Die pure Fleischeslust

20 Das „Café de Klos“

Knapp 2000 5-Sterne-Bewertungen auf Google sprechen für sich – wer Fleisch liebt, wird nirgendwo glücklicher als im „Café de Klos“. Was viele nicht wissen und sich dank der zahlreichen veganen Restaurants in der Stadt leicht vergessen ließe: Spare Ribs gehören fest zur niederländischen Küche, und nirgendwo in Amsterdam schmecken sie saftiger, zarter und rauchiger als in diesem „Café“, das mit seinen niedrigen Decken, der Holzvertäfelung und den alt-holländischen Stichen an der Wand eher einer urigen Mini-Taverne ähnelt. Die Atmosphäre im „Café de Klos“ ist familiär und einzigartig, vollbärtige Hipster sitzen neben hungrigen Anzugträgern und staunenden Touristen. Berühmt-berüchtigt ist das sympathische Personal, das für jeden Gast einen lockeren Spruch auf den Lippen hat. Gegessen wird an großen Holztischen oder direkt an der Bar; im Hintergrund brutzelt kiloweise das Fleisch auf einem speziellen Grill – wir raten davon ab, das „Café de Klos“ in Festtagskleidung aufzusuchen, denn nach einem Besuch riecht auch der Gast wie ein köstliches Spare Rib. Neben Rippchen führt die Karte viele andere saftige Fleischspezialitäten; dazu gereicht werden Krautsalat, Ofenkartoffeln oder einfach ein Stück Baguette.

TIPP

Nachmittags ist das „Café de Klos“ häufig noch nicht so voll.

Das „Café de Klos“ ist seit Jahrzehnten eine überaus gut besuchte Institution in Amsterdam, und um dem Ansturm Herr zu werden, haben die geschäftstüchtigen Inhaber aus der Not eine Tugend gemacht: Die Kneipe gegenüber, „Genootschap der Geneugten“, wurde kurzerhand ebenfalls erworben und dient nun als gemütlicher, bierseliger Wartesaal für alle Gäste, die sich vorher auf die Warteliste im „Café de Klos“ haben setzen lassen – Reservierungen sind nämlich nicht möglich. So wird der Besuch des „Café de Klos“ zum einmaligen Erlebnis: Erst ein paar leckere Getränke genießen, bis der Kellner über die Straße gelaufen kommt und den Namen ausruft. Gerade noch einen Wein bestellt? Keine Panik: Sein Getränk darf jeder Gast mit hinüber zum Essen nehmen.

- Café de Klos, Kerkstraat 41-43, 1017 GB Amsterdam
  www.dekloscafe.wordpress.com
- ÖPNV: Tram 2, 11, 12, Haltestelle Prinsengracht, Tram 5, 7, 19, Haltestelle Leidseplein

Kopfüber ins kühle Nass

21 Schwimmen in der Amstel

Oh, wie schön ist der Amsterdamer Sommer! Kurz ist er und meist nicht so heiß, aber dafür umso ersehnter. Und wenn er dann endlich da ist, dann gibt es kein Zurück mehr: Die Badehose wird eingepackt, und die Flüsse und Seen um die Grachtenstadt werden zum Badeparadies. Auf den Wiesen des Amstelflusses liegen die Badegäste an heißen Tagen meist Handtuch an Handtuch. Wasserratten sind hier also in bester Sommergesellschaft. Neben einem wird gelesen, gelacht, Wein getrunken und gegessen, gegrillt, Luftmatratzen werden aufgeblasen und es wird musiziert. Dass es so voll ist, genießen die Amsterdamer wahrlich, denn so ist es noch „gezelliger".

Viele Freibäder hat Amsterdam nicht, und genau deshalb ist der namensgebende Fluss Amsterdams, die Amstel, so beliebt. Es gibt mehrere schöne Ufer, die zum Schwimmen einladen. Vor allem aber, wenn man mit einem Boot unterwegs ist! Dann kann man in der Mitte des Wassers nahe des Spaklerwegs beim Omval anlegen und tauchen. Ohne Boot geht es natürlich auch. Dann wartet die Weesperzijde/Berlagebrug beim Roeicentrum Berlagebrug, wo man bequem ins Wasser laufen kann. Weiter südlich am Ouderkerkerdijk im Amstelquartier gleich neben der Roeivereniging RIC gibt es zwei große Liegewiesen. Der Einstieg in die Amstel ist an dieser Stelle nicht ganz komfortabel, trotzdem sind die Wiesen immer voll. Hier liegt es sich nämlich sehr angenehm. Die Pizzeria, die sich gleich hinter den Wiesen befindet, hat an Badetagen viel zu tun – zu schön ist es schließlich, mit der duftenden Pizza am Wasser zu sitzen und das Lebens zu genießen.

TIPP
Auf der Website www.zwemwater.nl die aktuelle Wasserqualität überprüfen, um dann sicher abtauchen zu können.

Wer doch lieber von einem Steg aus in den Fluss springen möchte, dem sei die Anlegestelle des noch weiter südlich gelegenen Mirandabads empfohlen. Dieser Badeplatz ist besonders schön, vor allem auch, weil nicht so viel los ist. Allerdings ist dieser auch am weitesten vom Zentrum entfernt. Wenn der Amsterdamurlaub also in den Sommer fällt: Badesachen einpacken und, wie die Einheimischen auch, ab in die kühlende Amstel!

- Am nächsten am Zentrum: Weesperzijde/Berlagebrug beim Roeicentrum Berlagebrug
- ÖPNV: Tram 3, Bus 285, Metro 51, 53, 54, Haltestelle Wibautstraat

Weg vom Einheitsbrei

22 Das Einkaufsviertel 9 Straatjes

Nicht weit entfernt von den Haupteinkaufsstraßen Kalverstraat und Nieuwendijk und direkt hinter dem Königspalast liegen die 9 Straatjes, die „neun Sträßchen". Die 3 x 3 = 9 Straßen verbinden die vier Amsterdamer Hauptgrachten Singel, Herengracht, Keizersgracht und Prinsengracht miteinander und sind ein wahres Paradies für Shoppingfreunde. Immer, wenn unsere deutschen Freunde und Familien in Amsterdam einkaufen gehen möchten, nehmen wir sie mit in dieses idyllische Viertel. Denn hier findet man das, was in den Augen vieler Besucher die Schönheit Amsterdams ausmacht: In typischen, malerischen Grachtenhäuschen reihen sich Designer-Boutiquen an Vintage-Geschäfte, kleine Einrichtungsläden an besondere Juwelierauslagen. Wer Amsterdam besucht, um ausgefallene, besondere Geschenke oder Mitbringsel zu erstehen, wird in den 9 Straatjes mit Sicherheit fündig. Das kleine Lädchen „Antonia" etwa verkauft ausschließlich Hausschuhe, während das „Kleikollektief" wunderschöne und ausgefallene Keramikwaren aus eigener Herstellung anbietet. Power-Shopping ist anstrengend, deswegen finden sich in den 9 Straatjes auch viele ausgezeichnete Restaurants und gemütliche Cafés, in denen man den müden Füßen ein wenig Erholung gönnen kann. Ein besonders authentisches Café ist das „Koffiehuis De Hoek", das Stammcafé der Schriftstellerin Connie Palmen, die früher direkt hier um die Ecke in der Reestraat wohnte.

TIPP

Die 9 Straatjes geben eine wunderbare Übersicht zu den verschiedenen Baustilen im Grachtengürtel.

Die 9 Straatjes beherbergen nicht nur besondere Geschäfte und kulinarische Perlen, sondern auch zwei bedeutende Amsterdamer Museen: „Het Grachtenhuis" informiert eindrucksvoll zur Stadtgeschichte und zur Entwicklung des Grachtengürtels, während das monumentale „Huis Marseille" Amsterdams seinem Namen als ältestes und größtes Fotografiemuseum der Stadt alle Ehre macht. Fest steht: Wer länger als eine Nacht in Amsterdam verbringt, kann sich in den 9 Straatjes locker einen ganzen Tag beschäftigen.

- De 9 Straatjes: Reestraat, Hartenstraat, Gasthuismolensteeg, Berenstraat, Wolvenstraat, Oude Spiegelstraat, Runstraat, Huidenstraat, Wijde Heisteeg, 1016 Amsterdam, www.de9straatjes.nl
- ÖPNV: Tram 2, 11, 12, Haltestelle Spui, Tram 13, 17, Bus 282, 283, 284, Haltestelle Westermarkt

Heineken
VINTAGE

Architekturhighlights

23 Die schlangenartige „Pythonbrug“

Amsterdam ist eine Stadt der gelebten Vielfalt. Und das zeigt sich nicht nur im bunten Zusammenleben, sondern vor allem auch in der Kunst und Architektur. Abseits der romantischen Grachtenhäuser der Innenstadt findet sich im Stadtteil Östliches Hafengebiet ein kleines Paradies für Architekturliebhaber. Modern, gar avantgardistisch muten die Häuser und Brücken hier an. Fast eine andere Welt – das aber auch nur auf den ersten Blick. Denn wer ein paar Tage in der Stadt ist, wird gleich merken: Die Amsterdamer gehen gern ein paar Schritte voraus und wagen einfach. Uns so findet sich hier ein Potpourri architektonischer Talente der Niederlande, ergänzt durch die Arbeiten renommierter ausländischer Architekten.

Das Östliche Hafenviertel besteht aus mehreren Inseln, jede mit ihrem eigenen Flair und Charakter. Was sie eint, ist der Spagat zwischen Alt und Neu. So wurden die vormaligen alten Lagerhallen des ehemaligen Hafens mit frischen Wohnkonzepten neu gestaltet. In zahlreichen Straßen durften die Bürger sogar ihr eigenes Glück designen. Sie sollten ihre Traumhäuschen einfach selbst entwerfen, ohne große Vorgaben, einfach drauflos. Und so stehen heute in der Scheepstimmermanstraat wunderschöne, topmoderne Häuser. Eines unterschiedlicher als das andere – Perlen der zeitgenössischen Architektur.

Das Wahrzeichen des Viertels ist allerdings die futuristische, knallrote Pythonbrücke, die sich wie eine Schlange von der Sporenburg-Insel zur Borneo-Insel windet. Beeindruckende 93 Meter ist sie lang, die Anakonda, wie sie auch genannt wird. Genug Platz also für die Kinder des Viertels, wenn sie im Sommer von ihr in den kühlenden IJ-Kanal springen möchten.

Und wenn man als Designliebhaber schon mal im Viertel ist, dann folgt man am besten der Brücke Richtung Norden und besucht die zahlreichen beliebten Einrichtungs- und Wohngeschäfte wie „Pols Potten“, „Sissy Boy Homeland“ und „Loods 6“, eine Art Einkaufsmall mit verschiedenen kleinen Designläden unter einem Dach.

- Pythonbrug, 1016 TA Amsterdam
- ÖPNV: Tram 7, 26, Haltestelle Rietlandpark, Bus 48, 65, 246, Haltestelle Azartplein, Bus 37, 245, 289, Haltestelle Zuiderzeeweg

Ein perfekter Sonntag

24 Der Sunday Market im Westerpark

Im hippen Amsterdam darf ein hipper Markt natürlich nicht fehlen. Deswegen wurde 2007 der „Sunday Market“ ins Leben gerufen. Er gehört zu unseren Lieblingsmärkten, und wir besuchen ihn regelmäßig, um uns von ausgefallener Mode, liebevoll hergestelltem Kunsthandwerk und Designschätzen inspirieren zu lassen – und natürlich, um das eine oder andere Schmuckstück mit nach Hause zu nehmen.
Der Sunday Market versteht sich als Plattform für Designer, Künstler und Kreative, die sich hier dem breiten Publikum präsentieren dürfen. An den kleinen Ständen findet sich eine zauberhafte Auswahl an Keramik, Mode – sowohl neu als auch getragen –, Schmuck, Accessoires, Illustrationen, Kunst und Spielzeug. Dazu gibt es leckere Bio-Produkte und gutes Essen und Trinken. Unter den Künstlern vertreten sind lokale Bekanntheiten, aber auch junge Talente aus den niederländischen Design-Akademien und viele andere Kreative oder Sammler, die etwas Schönes oder Verrücktes zu bieten haben. Der Sunday Market fand ursprünglich nur im Westerpark rund um die Westergasfabriek statt, wo er auch heute noch an jedem ersten Sonntag des Monats zwischen 12 und 18 Uhr besucht werden kann. Inzwischen gibt es Ableger am Rokin (jeden zweiten Sonntag im Monat) und am Nieuwmarkt (jeden letzten Freitag im Monat), aber das Angebot ist im Westerpark nach wie vor am vielfältigsten und wird abgerundet von einem zauberhaften Rahmenprogramm: Kinder können sich auf dem Sunday Market schminken lassen oder ihre Runden auf einem altmodischen Kettenkarussell drehen, Erwachsene entwerfen ihren eigenen Schmuck, lassen sich massieren oder die Haare schneiden, während auf der Bühne verschiedene Musiker und Songwriter ihr Können zum Besten geben. Der Sunday Market ist das perfekte Sonntagsprogramm, um Amsterdam mal von einer anderen Seite kennenzulernen.

TIPP
Rund um die Westergasfabriek gibt es noch viel mehr zu entdecken, zum Beispiel „Tony's Chocolonely“.

- Sunday Market Westerpark, Gosschalklaan 7, 1014 DC Amsterdam
www.sundaymarket.nl
- ÖPNV: Tram 5, Bus 288, Haltestelle Van L. Stirumstraat, Tram 3, Bus 18, 21, 22, 281, 288, Haltestelle Haarlemmerplein

Dolce Vita

Eat well, do good!

25 Brunchen mit gutem Gewissen bei „Dignita“

Gut essen und dabei Gutes tun – so lautet das Motto von „Dignita“, und wer eine kleine Auszeit vom Getümmel der Stadt braucht und dabei noch extrem lecker brunchen, lunchen oder Kaffee trinken will, der ist bei „Dignita“ genau an der richtigen Adresse.
Versteckt in einer kleinen grünen Oase hinter der Hermitage findet man das Café, das es sich zur Aufgabe gemacht hat, Menschen zu helfen, die Opfer von Menschhandel geworden sind. Als Social Enterprise ist „Dignita“ Teil der Stiftung „Not for Sale“, die u. a. ehemaligen Prostituieren die Möglichkeit bietet, an einem Kochtraining sowie Praktika in der Küche teilzunehmen. Ziel ist es, den Frauen dadurch mehr Selbstvertrauen zu geben und ihnen neue Perspektiven zu bieten, in der Hoffnung, dass sie somit einen Arbeitsplatz finden und sich wieder in die Gesellschaft integrieren können. Finanziert wird das Projekt durch die Einnahmen von „Dignita“, das heißt, wer hier ein Tässchen Kaffee oder ein vorzügliches Stückchen Karottenkuchen genießt, der kann das mit einem guten Gefühl tun.
Neben Kaffee und Kuchen gibt es bei „Dignita“ allerlei Leckereien für den ökologisch bewussten Feinschmecker, denn Brunch-Klassiker wie Eggs Royale und American Pancakes werden hauptsächlich aus biologischen Zutaten zubereitet. Auch Vegetarier, Veganer und Liebhaber von Avocado & Co. kommen hier ganz auf ihre Kosten, denn das kleine, aber feine Menü hat für jeden von ihnen was zu bieten. Und wenn das jetzt nach Korksandalen und Weizenkleie klingt, dann ist das überhaupt nicht so, denn „Dignita“ ist trendy, schick und vor allem: schmackhaft!
Selbst für die kleinen Schleckermäuler ist gesorgt, denn drinnen, im gläsernen Café, gibt es eine Spielecke, und die Lage im Hoftuin – einem umschlossenen Garten abseits der Straße – ist ein idealer Spot, um sich mal kurz auszutoben. Und wenn denn mal die Sonne scheint, kann diese auf der angeschlossenen Terrasse angebetet werden. Man könnte glatt vergessen, dass man in Amsterdam ist.

- Dignita Hoftuin, Nieuwe Herengracht 18a, 1018 DP Amsterdam
www.eatwelldogood.nl
- ÖPNV: Tram 14, Metro 51, 53, 54, Bus 287, Haltestelle Waterlooplein

Sieben Tage Live-Musik

26 Das Urgestein „The Waterhole“

Amsterdam bietet ein überragendes Unterhaltungsangebot: Unzählige Festivals, Kulturveranstaltungen, Theater, Clubs und Konzerthallen warten darauf, besucht und entdeckt zu werden. Musikalisch findet jeder Ausgehwillige das, was er sucht – an Hunderten Orten über die ganze Stadt verteilt lässt sich zu Pop, Klassik, Rock, Jazz, Hip-Hop oder lateinamerikanischer Musik die perfekte Nacht verbringen. Tendenziell ist das Nachtleben in Amsterdam aber von elektronischer Musik geprägt; niederländische DJs wie Tiësto, Armin van Buuren oder Afrojack sind auf der ganzen Welt bekannt. Die populärsten Musikstätten in Amsterdam sind der Melkweg und das Paradiso.

Wer sich zwischen Dance und Techno nach handgemachter Live-Musik sehnt, dem möchten wir das „Waterhole“ ans Herz legen. Direkt neben dem Leidseplein gelegen, ist das Waterhole ein alteingesessener, eher alternativer Publikumsmagnet, in dem an sieben Tagen die Woche Live-Musik gespielt wird – unter der Woche finden häufig Jam-Sessions statt und am Wochenende geben verschiedene Bands ihre Blues-, Rock- oder Folk-Cover zum Besten. Das jeweilige Wochenprogramm kann auf der Webseite nachgelesen werden. Die Atmosphäre ist urig, die Inneneinrichtung eine originelle Hommage an die größten Musikikonen der letzten Jahrzehnte.

Wer plant, abends ein paar Bars zu besuchen, dem kann es leicht passieren, dass er hier hängenbleibt und sich wundert, wo die Zeit geblieben ist. Die Getränkepreise sind äußerst erschwinglich, zumal sich das Waterhole mit der „längsten Happy Hour in Amsterdam“ rühmt. Diese zieht sich ganze neun Stunden: von der Öffnung um zwölf Uhr mittags bis 21.00 Uhr! Sowieso ist das Waterhole nicht nur abends ein großartiger Treffpunkt, sondern auch tagsüber: Hier kann man auf der Terrasse oder bei einer Runde Schach, Dart oder Billard entspannen und Amsterdam unplugged genießen.

- The Waterhole, Korte Leidsedwarsstraat 49, 1017 PW Amsterdam
www.waterhole.nl
- ÖPNV: Tram 2, 5, 7, 12, 19, Bus 82, 83, 84, 86, 88, Haltestelle Leidseplein

MUSIC
FOR
THE
PEOPLE

Buntes Holzhäuschenglück

27

Radeln durch Amsterdam Noord

Auf der sonnigen Nordseite des IJ-Kanals liegt das lebendige Amsterdam Noord. In den letzten Jahren hat es sich vom Schmuddelviertel zum Mekka für Hipster und junge Familien entwickelt. Längst überfällig, denn der nördliche Teil von Amsterdam verzaubert mit wunderschönen alten Fischerhäuschen und einer ganz besonderen Atmosphäre. Der angesagte Stadtteil überrascht nicht nur mit experimentellen Festivals, moderner Architektur und stilvollen Restaurants auf dem Wasser, sondern in großen Teilen vor allem auch mit einem ruhigen, traditionellen Flair. Das Stadtbild ist geprägt von ehemaligen malerischen Bauern- und Fischerdörfern, idyllischen Gartenstädtchen und einfach sehr viel Grün, von dem einem die Schafe zublöken und Pferde zuwiehern.

Besonders gut lässt sich die Gegend mit dem Fahrrad erkunden. Während man in der Innenstadt mit regem Verkehr zurechtkommen muss, kann man in Noord ganz entspannt radeln und einfach genießen. Mit der kostenlosen Fähre setzt man über die IJ und erreicht so den Buiksloterweg oder den IJplein. Von beiden Stationen aus geht es gen Nieuwendammerdijk, der dann zum Schellingwouderdijk wird. Auf wunderbaren 3 Kilometern steht ein kleines buntes Holzhäuschen nach dem anderen. Pittoresker geht es kaum!

TIPP

Amsterdamliebe bietet deutschsprachige Fahrradtouren nach Amsterdam Noord an (www.amsterdamliebe.de)!

Und mittendrin das „Café 't Sluisje". Es ist nicht nur eines unserer Lieblingscafés, sondern sicher auch eines jeden Noorderlings, wie sich die Bewohner Amsterdam Noords nennen. Das urige Café gibt es schon seit 1904. Seitdem hat sich kaum etwas verändert: Man sitzt gemütlich am Wasser direkt neben einer historischen Schleuse und blickt auf die bunten Holzhäuser und Boote des gegenüberliegenden kleinen Hafens. Ein perfekter Ort für eine kleine Verschnaufpause also, wenn man hier unterwegs ist. Als das Café vor ein paar Jahren bankrott ging, wurde eine Spendenaktion ins Leben gerufen. 85 Einheimische brachten mit der Aktion insgesamt 900.000 Euro ein und kauften das Café kurzerhand gemeinsam. So konnte sichergestellt werden, dass dieser Ort des Glücks für immer bleibt.

- Café 't Sluisje, Nieuwendammerdijk 297, 1025 LM Amsterdam
www.hetsluisje.nl
- ÖPNV: Metro 52, Haltestelle Centraal Station, Bus 35, Haltestelle Wervershoofstraat

H
VEER
Menu

Ein verborgenes Idyll

28 Die Buurtboerderij Ons Genoegen

Müssten wir einen Ort in Amsterdam zu unserem absoluten Lieblingsort wählen, dann wäre es dieser hier: die Buurtboerderij Ons Genoegen. Im hintersten Winkel des Westerparks gelegen, ist dieser „Nachbarschaftsbauernhof" eine grüne, friedliche Oase, die wie aus der Zeit gefallen zu sein scheint. Kein Wunder: Das Bauernhofgebäude steht dort schon seit 1880, das zur Boerderij gehörende Weideland, auf dem heute Pferde und Ziegen grasen, datiert sogar zurück bis ins 13. Jahrhundert.

Rund um das typisch niederländische Bauernhaus erstreckt sich ein wunderschöner Garten, in dessen blumenbewachsenen, idyllischen Eckchen Tische, Bänke und Stühle für die Besucher stehen. Ein perfekter Ort, um dem Stadtbetrieb zu entfliehen, ein Buch zu lesen oder einfach die Seele baumeln zu lassen. Wirklich überlaufen ist es hier nie, sogar die meisten Amsterdamer, die wir mit hierhin gebracht haben, kannten Ons Genoegen vorher nicht.

Natürlich wird auch für das leibliche Wohl gesorgt: Die Buurtboerderij verkauft an der Theke im Erdgeschoss des Hauses Getränke und kleine Speisen zu günstigen Preisen; an festen Tagen wird abends ein leckeres Zwei-Gänge-Menü für wenig Geld serviert. Wer sich das nicht entgehen lassen möchte, sollte vorher telefonisch reservieren.

Ons Genoegen wird als Nachbarschaftsinitative betrieben und versteht sich unter anderem als Anlaufstelle für einkommensschwache Stadtbewohner. Seiner sozialen Ausrichtung ist es zu verdanken, dass sich am Eingang des Geländes ein süßes kleines Häuschen befindet, in dem der „Weggeefwinkel", das „Weggebgeschäft" untergebracht ist. Hier geben Nachbarn Dinge ab, die sie nicht mehr brauchen, und Besucher können sich bis zu fünf Sachen aussuchen und mit nach Hause nehmen – ganz umsonst.

An Sommerabenden wird regelmäßig ein Lagerfeuer auf dem Vorplatz des Bauernhauses entzündet, und überhaupt ist die ganze Atmosphäre bei Ons Genoegen so friedlich, so idyllisch, dass man die große Stadt ganz vergisst und überhaupt nicht mehr weg möchte.

● Buurtboerderij Ons Genoegen, Spaarndammerdijk 319, 1014 AA Amsterdam
www.buurtboerderij.nl
● ÖPNV: Bus 22, 281, Haltestelle Spaarndammerdijk

Gewebte Farbenfreude

29 Must-Have: Marokkanischer Berberteppich

Mehr als 180 Nationen leben in Amsterdam, mehr sogar als in New York (und das wurde ja auch von den Amsterdamern gegründet). Doch von all diesen wunderbaren Kulturen übt eine einen besonderen Einfluss auf die Grachtenstadt aus. Der niederländische Lebensstil hat sich mit ihr quasi verwoben wie ein Teppich – wie ein bunter marokkanischer Teppich.

Nach dem Zweiten Weltkrieg wurden auch in den Niederlanden viele Gastarbeiter aus Südeuropa, der Türkei, vor allem aber aus Marokko angeworben. Viele der Italiener und Griechen verließen später wieder das Land, als es im eigenen bergauf ging. Viele Marokkaner allerdings sind geblieben, und damit auch ihre reiche, wunderschöne Kultur: In jedem Café Amsterdams wird „Verse Muntthee" getrunken, Minztee mit einem hineingetunkten kleinen Bund frischer Minze.

Aber nicht nur die marokkanische Küche ist in Amsterdam sehr beliebt. Blickt man in die stilvoll eingerichteten Grachtenhäuser, fällt ein Einrichtungs-Accessoire besonders auf: die handgewebten Berberteppiche aus dem Hohen Atlas schmücken die Dielenböden zahlloser Wohnzimmer. Es geht schließlich nichts über das Gefühl, erst mal drei Zentimeter in flauschige Wolle einzusinken, wenn man vom Sofa oder Bett aufsteht.

Das Amsterdamer Powerpaar Driss mit marokkanischen und Bettina mit deutschen Wurzeln hat deshalb beschlossen, ein farbenfrohes Geschäft im Grachtengürtel mit den gemütlichen Berberteppichen zu eröffnen. Dort, aber auch bei ihnen in ihrem geschmackvoll eingerichteten Haus, kann man die Teppiche befühlen und bewundern – und sich gleich nach Hause schicken lassen. Wer jetzt nicht auf die Amsterdamreise warten kann, kann sich seinen Lieblingsteppich auch im Internet bestellen. Die Teppiche des erfolgreichen Familienunternehmens werden in Driss' Geburtsort mit viel Liebe unter fairen Arbeitsbedingungen von Hand geknüpft. Und das sieht man: Die individuellen Muster und wunderbaren Farbkombinationen sind ein wahrer Traum!

TIPP

Bettina und Driss haben auch ein schnuckeliges Bed and Breakfast. Eines der schönsten der Stadt (natürlich mit Berberteppichen)!

- The Weavery Shop, Eerste van der Helststraat 13, 1073 AB Amsterdam
http://shop.the-weavery.com
- ÖPNV: Tram 24, Haltestelle Marie Heinekenplein

Gesammelte Lieblingsstücke

30 Der Laden „Things I Like Things I Love"

Die Frauen in Amsterdam verzichten gerne auf Make-up, hohe Absätze oder einen Fön nach der Haarwäsche. Kein Wunder – bei Nieselregen auf dem Fahrrad ergeben solche Extravaganzen wenig Sinn. Wer aber nun denkt, dass sich der durchschnittliche Amsterdamer vor allem in Funktionskleidung durchs Leben bewegt, liegt falsch. Im Gegenteil. Die Einheimischen pflegen einen Kleidungsstil, der als besonders lässig und stylish gilt. Deswegen findet man in Amsterdam viele Kleidungsgeschäfte mit entspannter Designermode, die diesen aufgeräumten Stil perfekt widerspiegeln. Ein Kleidungsstück anziehen und gut aussehen: Wenige beherrschen diese Kunst besser als die durchschnittliche Amsterdamerin.

Logisch also, dass zwei Amsterdamer Frauen – Petra und Sanne – einen unserer liebsten Conceptstores eröffnet haben, mit inzwischen sechs Dependancen in Amsterdam und einer in Utrecht. Der Name des Ladens ist Programm: „Dinge, die ich mag, Dinge, die ich liebe". Eigentlich hatten die beiden Secondhand-Liebhaberinnen im Scherz ein Pop-up-Event veranstaltet, bei dem sie die tollen Stücke verkauften, die sie bei ihren Streifzügen versammelt hatten. Ihr erstes Pop-up-Event in der Bloemenbar war jedoch ein solcher Erfolg, dass sie nach vielen weiteren Events ihren ersten Conceptstore eröffneten.

TIPP

Wer nicht genug Platz im Reisegepäck hat, kann auch im Onlineshop stöbern!

Heute bieten die Gründerinnen in ihren Läden keine Secondhand-Mode mehr an, sondern überwiegend Kleidung ihrer eigenen Marke TILTIL sowie weitere ausgesuchte Brands. Alle Artikel sind handverlesen, jedes Kleidungsstück wird von Petra oder Sanne selbst anprobiert, bevor es in den Verkauf geht. Nicht nur die Kleidung, sondern auch die vielen Wohnaccessoires, Kosmetikartikel, Sonnenbrillen und Schmuckstücke machen „Things I Like Things I Love" zu einem Ort, den wir nicht nur mögen, sondern lieben!

- Things I Like Things I Love, Eerste Constantijn Huygensstraat 25–27, 1054 BP Amsterdam, www.thingsilikethingsilove.com
- ÖPNV: Tram 1, Haltestelle 1e Con. Huygensstraat

Multikulti vom Feinsten

31

Die Javastraat

Nur wenige Touristen verschlägt es in die „Indische Buurt" („Indisches Viertel") im Osten von Amsterdam. Dabei ist das ehemalige Hafenarbeiterquartier zwischen dem Zeeburgerdijk und der Valentijnkade einer der schillerndsten, multikulturellsten Stadtteile, die Amsterdam zu bieten hat. Menschen aus über hundertfünfzig verschiedenen Nationen leben in der Indischen Buurt, darunter viele Studenten, die in der nahe gelegenen Universiteit van Amsterdam eingeschrieben sind. Die Straßen in der Indischen Buurt sind nach Gebieten und Inseln der früheren Kolonie Niederländisch-Indien benannt, sodass schon die Straßennamen exotisches Flair verströmen.

Den Einwanderern aus aller Herren Länder sei Dank fühlt sich ein Tag an wie eine Urlaubsreise. Am liebsten erleben wir das Multkulti-Feeling bei einem Besuch der Javastraat. Sie ist die Haupteinkaufsstraße in der Indischen Buurt. In ihren hübschen, hohen Backsteinhausfassaden tummeln sich unzählige Restaurants, Cafés und kleine Geschäfte, schier endlos bummelt man die lang gestreckte Straße zwischen Javaplein und Celebesstraat auf und ab und entdeckt immer wieder Neues, Spezielles. Der Conceptstore „Hartje Oost" etwa bietet nicht nur leckeren Kaffee, sondern eine wunderbare Mischung aus Vintage-Kleidung, Schmuck und Einrichtungsgegenständen. Wer sich spontan einen neuen Haarschnitt gönnen möchte, dem legen wir „Ashes to Snow" ans Herz, eine extravagante Mischung aus Friseur und Kunstgalerie. Zeit für den nächsten Kaffee? Dann unbedingt noch „Majesteit Taart" besuchen und sich durch das unglaublich leckere Kuchenangebot futtern.

TIPP

In der Nähe der Javastraat liegt der wunderbare Flevopark – hier Destillerie und Café „'t Nieuwe Diep" besuchen!

Das Tollste in der Javastraat sind die vielen Restaurants aus aller Herren Länder, aber besonders empfehlen möchten wir einen echten Amsterdamer Hotspot: das „Wilde Zwijnen" am Javaplein. Ob Fisch, Fleisch oder vegetarisch – das Essen hier ist einfach top. Und falls danach noch die Sonne scheint: schnell zum Absacker auf die Terrasse des „Badhuis" direkt um die Ecke.

● Javastraat, 1094 HW Amsterdam
● ÖPNV: Tram 14, Bus 22, 65, 289, Haltestelle Javaplein

THE WALTER WOOD
LUNCH / DINNER / DRINKS

Verstecktes Inselglück

32 Die Westelijke Eilanden

Die Westelijke Eilanden bilden ein idyllisches Dorf mitten in der Stadt, und kaum jemand, der die drei Inselchen nicht kennt, verirrt sich hierhin. Und das, obwohl die „westlichen Inseln" Bickerseiland, Prinseneiland und Realeneiland gerade einmal eine Viertelstunde Fußweg vom Amsterdamer Hauptbahnhof entfernt liegen. Nicht abschrecken lassen von den dunklen Bahnunterführungen, die es zu durchschreiten gilt, um ans Ziel zu gelangen!

Für Ruhesuchende sind die Eilanden der perfekte Ort, die Stimmung ist so ruhig, so beschaulich, dass die Nähe der geschäftigen Innenstadt ganz weit weg erscheint. Auch hier stehen die typischen Amsterdamer Häuschen wie im Grachtengürtel – auf den Eilanden gehörten sie früher Schiffskapitänen – und die pittoresken ehemaligen Kaufmannslager mit roten Klappfensterläden, nur hat man den Anblick hier fast für sich alleine.

Die im „Goldenen Zeitalter" angelegten Inseln sind ein begehrter Wohnort für viele Amsterdamer, so zentral und doch so arm an Touristenströmen. Nachdem die Gebäude auf den Inseln nach dem Ende des Goldenen Zeitalters lange mehr oder weniger brachlagen, wurden sie in den 1970er-Jahren von Künstlern für sich entdeckt. Deswegen findet man hier neben Wohn- und ehemaligen Schiffsindustriebauten auch heute noch einige kleine Galerien, wie etwa die „Galerie Moon" auf der Bickerseiland.

Auf derselben Insel gelegen und sehr empfehlenswert für Familien ist „De Dierencapel", ein idyllischer kleiner Stadtbauernhof, von denen es in Amsterdam so viele gibt. „De Dierencapel" ist sicherlich einer der schönsten. Er wird von Freiwilligen betrieben, die sich den kleinen Tierchen mit viel Liebe und Sorgfalt widmen.

Wer seinen Spaziergang auf der Bickerseiland mit einem Kaffee, Weinchen oder leckerem, einfachen Essen beenden möchte, dem sei das braune Café „'t Blaauwhooft" ans Herz gelegt. Ein wenig gehobener, aber ebenfalls sehr köstlich geht es im „De Gouden Reael" auf der Realeneiland zu.

- Stichting De Dierencapel, Bickersgracht 207, 1013 LH Amsterdam
  www.dedierencapel.nl
- ÖPNV: Tram 3, Bus 18, 21, 22, 281, 288, Haltestelle Haarlemmerplein

Purste Papierästhetik

33 Amsterdams schönster Schreibwarenladen

Der Misc Store ist wie ein Süßwarenladen für Papier- und Schreibwarenliebhaber. Mit einer exquisiten Kollektion von Papierprodukten, Notizbüchern, Stiften, Glückwunschkarten, Designobjekten und Möbeln konzentriert sich der Misc Store auf minimalistische und elegante Produkte für die Wohnung und den Schreibtisch. Der geschmackvoll gestaltete Laden führt eine große Auswahl an Schreibwaren von Marken wie Midori, Postalco, le typographe und Marjolein de Haas sowie Bücher von Gestalten und Monocle. Wer hier nur zum Stöbern vorbeischaut, kommt mindestens mit einem Notizbuch wieder aus dem Geschäft heraus.

„Die ästhetische Qualität eines Produkts ist ein wesentlicher Bestandteil seiner Nützlichkeit. Denn Produkte, die wir täglich benutzen, beeinflussen unsere Person und unser Wohlbefinden. Aber nur gut gestaltete Objekte können schön sein." – D. Rams: So steht es auf dem puristisch dekorierten Schaufenster des Ladens. Dieses Motto zieht sich durch die gesamte Auswahl der eleganten Objekte im Geschäft. Man kann sich an der stilvollen Präsentation der zahlreichen Schreibutensilien gar nicht sattsehen, möchte jeden Stift ausprobieren und über jedes Papier streifen. Zum Glück darf alles getestet werden – was die Wahl aber nicht eben leichter macht, denn schließlich gleitet hier jeder Stift wie eine Wolke über das feine japanische Papier.

Da immer mehr Menschen von zu Hause aus arbeiten, scheint es eine wachsende Wertschätzung für schöne Arbeitsumgebungen und all die Gegenstände darin zu geben: raffinierte Produkte, die das Leben schöner machen und vor allem dabei helfen, die richtige Work-Life-Balance zu finden. Deshalb gibt es den Misc Store nun auch online. So kann man sich schon zu Hause nach Herzenslust ein prächtiges Stifteset zusammensuchen oder doch noch mal ein zweites Notizbuch bestellen, denn das eine, das man das letzte Mal beim Stöbern mitgenommen hat, war natürlich nicht genug.

● Misc Store, Elandsgracht 59, 1016 TN Amsterdam
https://misc-store.com
● ÖPNV: Tram 5, 7, 19, Bus 347, 357, 397, Haltestelle Elandsgracht

89
For Artists,
Designers,
Poets &
Philosophers

Skurrile Schätze

34 Der Flohmarkt „IJ-Hallen“

Amsterdam ist berühmt für seine Märkte, auf denen man allerlei Secondhand-Kleidung, Möbel und andere Schätze finden kann. Während Märkte wie der auf dem Waterlooplein noch immer schön, aber teilweise recht kommerziell sind, kommen Sammler und Sucher einmal im Monat in und vor den IJ-Hallen voll auf ihre Kosten: Hier findet der größte Flohmarkt in ganz Europa statt, und vor allem Frühaufsteher können hier einzigartige Raritäten finden.

An 750 Ständen wird auf dem alten Werftgelände der NDSM im Norden der Stadt ein buntes, häufig auch schräges Sammelsurium angeboten. Alleine das Herumstöbern in dieser besonderen Atmosphäre macht unglaublich viel Spaß, und wir haben oft nicht nur Möbel oder Kleidung mit nach Hause genommen, sondern auch tolle Einrichtungsideen.

Alle Standinhaber in den IJ-Hallen sind Privatleute und erzählen auf Nachfrage gerne und ausführlich über Geschichte und Herkunft ihrer vielen kleinen und großen Verkaufsobjekte. Am Eingang der Halle tummeln sich meist ein paar professionelle Verkäufer, aber auch sie bieten keine kommerzielle Ware an, und je weiter man nach hinten läuft, desto kleinteiliger und privater werden die Stände. Von Schiffsschrauben über Skiausrüstungen bis zu Tanzschuhen, von japanischem Geschirr bis zur Hutablage: Das Angebot ist riesig, und man sollte beim Besuch der IJ-Hallen ausreichend Zeit mitbringen.

Da die Stände nicht sortiert sind, lohnt es sich, alle einmal abzulaufen, um wirklich kein Schnäppchen zu verpassen. Ein Schwerpunkt des IJ-Hallen-Flohmarkts liegt auf Kleidung, deswegen werden vor allem Liebhaber von Vintage-Kleidung hier mit Sicherheit glücklich.

Dank dem typisch holländischen Geschäftssinn kostet der Eintritt für die IJ-Hallen etwas: Erwachsene bezahlen 6 Euro, Kinder sind mit 2,50 Euro Ticketpreis dabei. Wir finden aber: Das lohnt sich – zumal die Fähre zum NDSM-Gelände kostenlos ist.

- IJ-Hallen, T.T. Neveritaweg 15, 1033 WB Amsterdam
  www.ijhallen.nl
- ÖPNV: Fähre 900, 903, 905, Anleger Pontsteiger, zum Anleger NDSM Bus 391, 394, Haltestelle Klaprozenweg, Bus 35, 36, Haltestelle Atatürk

Donny
Gerrard
STEREO
Lynn Anderson
Rose Garden
CBS
Snowbird
For The Good Times
Sunday Morning Coming Down
It's Only Make Believe
I Don't Want To Play House
Your Sweet Love Lifted Me
I Still Belong To You
I Wish I Was A Little Boy Again
Another Lonely Night
Nothing Between Us
Rose Garden

Von einer neuen Sichtweise

35

Das Fotografiemuseum Foam

Eines der schönsten modernen Museen Amsterdams ist das Fotografie-Museum Foam auf der Keizersgracht. Untergebracht in einem monumentalen Bau, der aus drei nebeneinanderliegenden Grachtenhäusern besteht, die durch Brücken, Treppen und Höfe miteinander verbunden sind, bietet es Kunst- und Fotoliebhabern wechselnde Ausstellungen internationaler Fotografiekünstler. Oft drehen sich die Ausstellungen um gesellschaftlich brisante Fragestellungen und erlauben einen ganz neuen Blickwinkel auf Themen, die man sonst nur oberflächlich streift.

Der Anspruch des Museums ist es, alle Facetten der Fotografie zu zeigen, und so wird die klassische Fotografie im Foam bereichert durch allerlei multimediale Installationen. Der Rundgang durch den verwinkelten Bau birgt hinter jeder Ecke eine neue Überraschung. Weltbekannte Größen der Fotografie werden genauso ausgestellt wie aufstrebende Nachwuchskünstler, Monografien wechseln sich ab mit thematischen Gruppenausstellungen. Die Palette der gezeigten Genres ist groß: Kunstfotos, Dokumentarfotografie, historische Fotos und Modefotografie bilden einen anziehenden Mix, der die eigene Wahrnehmung schult und neue Sichtweisen schafft. Das Foam stimmt nachdenklich, macht glücklich, verführt – und ist, obwohl das meistbesuchte Fotografiemuseum der Niederlande, nicht so überfüllt wie andere Amsterdamer Museen, sodass man entspannt vor jedem Ausstellungsstück stehen bleiben und seinen Gedanken nachhängen kann.

Zu Hause nachgenießen lässt sich die wunderbar-künstlerische Atmosphäre mit dem buchdicken Foam-Magazin, das drei Mal im Jahr erscheint und unter einem bestimmten Thema eine wunderbare Auswahl fotografischer Meisterwerke zeigt. Tolle Mitbringsel lassen sich auch im „Bookstore“ des Foam-Museums erstehen, vor allem beeindruckende Bildbände und Nachdrucke im Posterformat. Wer nach seinem Rundgang durch die Ausstellung noch Beine und Seele baumeln lassen möchte, dem empfehlen wir das Museums-Café im Erdgeschoss.

TIPP

Jeden Donnerstagabend werden kostenlose Führungen auf Englisch angeboten.

- Foam, Keizersgracht 609, 1017 DS Amsterdam
  www.foam.org
- ÖPNV: Tram 24, Bus 282, 283, Haltestelle Muntplein, Tram 4, 14, Bus 285, 287, 289, 291, 293, Haltestelle Rembrandtplein

Silver Lake Drive

Lesevergnügen am Wasser

36 Die OBA Oosterdok

Wer Amsterdams größte öffentliche Bibliothek durch ihre schweren Drehtüren betritt, wird von Musik begrüßt: Direkt am Eingang steht ein schwarzes Klavier, auf dem – überwiegend talentierte – Bibliotheksbesucher ihr Können zum Besten geben.

Die Centrale Bibliotheek von Amsterdam befindet sich nur wenige Gehminuten vom Hauptbahnhof entfernt auf der Oosterdokskade direkt am Wasser und bietet Leseratten und Ruhesuchern ein beeindruckendes Zuhause auf Zeit. Sie ist die größte Bibliothek der Niederlande: Auf 28.000 Quadratmetern und neun Stockwerken findet sich Literatur für jeden Geschmack. Auch zahlreiche deutsche Bücher können in der größten OBA (Openbare Bibliotheek Amsterdam) gelesen und ausgeliehen werden; selbst die Jugend- und Kinderbuchabteilung im untersten Stockwerk führt eine stattliche Auswahl deutscher Werke.

Gerade bei Regenwetter ist das Kindergeschoss ein wahrer Glücksort für Familien, lässt es sich hier doch ganz hervorragend herumturnen und auf den kleinen Bücherturm klettern. Auf diesem Stockwerk wurde auch der niederländischen Kinderbuchikone Annie M. G. Schmidt ein Denkmal gesetzt: Nach ihr ist das Jugendtheater der OBA benannt, und viele Pappaufsteller erinnern an ihre bekanntesten Kinderbuchfiguren. Ebenfalls auf dem untersten Stockwerk zu bewundern ist das landesweit bekannte „Muizenhuis", die drei Meter hohe, unglaublich filigran und wunderschön ausgearbeitete Mäusewelt rund um die niedlichen Mäusebuchfiguren Sam und Julia.

Natürlich werden in der Centrale Bibliotheek auch erwachsene Buchliebhaber glücklich: Neben den unendlichen Reihen von Büchern, Zeitungen und Zeitschriften stehen Besuchern Arbeitsplätze mit kostenlosem WLAN und auf der siebten Etage sogar ein ganzes Theater zur Verfügung. Der Besuch des siebten Stockwerks ist ohnehin ein Muss für jeden OBA-Besucher: Hier befindet sich das Bibliotheksrestaurant, dessen Terrasse einen atemberaubenden Blick über die Stadt bietet.

- Centrale Bibliotheek, Oosterdokskade 143, 1011 DL Amsterdam
  www.oba.nl
- ÖPNV: Tram 2, 4, 11, 12, 13, 14, 17, 24, 26, Bus 18, 21, 22, 48, 248, 281, 282, 283, 284, 285, 287, 288, 289, 291, 293, 305, 306, 314, 316, Haltestelle Centraal Station

Die Perle des Westens

37 Das Kulturzentrum „De Hallen“

Vor einigen Jahren wurde die prächtige alte Straßenbahnremise im Westen der Stadt umgebaut; als die Pläne bekannt wurden, hielt sich die Begeisterung der Anwohner zunächst in Grenzen. Heute wird das einzigartige Kulturzentrum „De Hallen“ von der Nachbarschaft ebenso innig geliebt wie von allen anderen Bewohnern Amsterdams.
Locker lässt sich in „De Hallen“ ein ganzer Tag verbringen, so vieles gibt es hier zu sehen und zu erleben. Das einzigartige Gebäude beherbergt viele besondere Läden, wie das Jeans-Atelier „Denim City“ oder den „Gathershop“, in dem Fairtrade-Objekte junger Designer zum Verkauf stehen. Außerdem finden sich in „De Hallen“ ein stylish eingerichtetes Hotel, ein geräumiges Kino und mit „De Kanarie Club“ ein schick-entspanntes Restaurant. Für eine Verschnaufpause empfehlen wir das „Café Belcampo“, es gehört zur öffentlichen Bibliothek, und hier lässt es sich wunderbar durch internationale Zeitschriften blättern, während sich der Nachwuchs im Spielbereich austoben kann.
Der mit Abstand größte Besuchermagnet in „De Hallen“ sind allerdings „De Foodhallen“. In einer fremden Stadt ist es gar nicht so einfach, ein gutes Restaurant zu finden, und gerade in Amsterdam sind die guten Läden oft voll besetzt, weil die Häuschen so klein sind. Ein Besuch der Foodhallen ist die perfekte Lösung: Einundzwanzig verschiedene Stände, die an den Seiten des großen Gastrotempels aufgebaut sind, bieten das köstlichste Streetfood an, man futtert sich in entspannter Atmosphäre durch aller Herren Länder, und die Qualität des Essens ist hoch. Gegessen wird an großen Tischen in der Mitte der Halle, schnell ist man in ein Schwätzchen mit seinen Tischnachbarn verwickelt, und nirgendwo lassen sich hippe Amsterdamer besser in freier Wildbahn bestaunen als hier.
Köstliche Tapas, knusprige Pizzen, frisches Sushi, leckerer Hummus, saftige Burger, feine Austern … In den Foodhallen findet wirklich jeder etwas, das ihm schmeckt!

● De Hallen Amsterdam, Hannie Dankbaarpassage 47, 1053 RT Amsterdam
www.dehallen-amsterdam.nl
● ÖPNV: Tram 7, 17, Bus 238, Haltestelle Ten Katestraat

l'Entrecôte
LIMA
TAQUERIA
LIMA
I EAT TACOS OVER A TORTILLA SO WHEN
STUFF FALLS OUT, BOOM ANOTHER TACO!

Kurzurlaub in Asien

38 Das chinesische Viertel

Auf den „Wallen", dem ältesten Teil der Stadt, befinden sich das Rotlichtviertel und der Damplatz. So pittoresk diese Orte auch sind, sie sind vor allem am Abend heillos überfüllt. Eines lockt uns aber mit schöner Regelmäßigkeit auf die „Wallen": das chinesische Viertel.
Während viele Menschen die großen Chinatowns von London oder New York kennen, wissen die meisten nicht, dass es auch in Amsterdam ein kleines Chinatown gibt. Es ist sogar das älteste chinesische Viertel auf dem europäischen Festland (zugegeben: Ein anderes fällt uns auch nicht ein).
Rund um die Gelderkade, zwischen Nieuwmarkt und der Prinshendrikkade, haben sich in Amsterdam zu Beginn des 20. Jahrhunderts die ersten Chinesen niedergelassen. Heute verströmt das chinesische Viertel mit seiner einzigartigen Kombination aus alten Grachtenhäusern und asiatischem Touch ein ganz außergewöhnliches Flair. Die Straßenschilder hängen in zweifacher Ausfertigung an den Gebäuden, einmal auf Niederländisch, einmal mit chinesischen Schriftzeichen.
Zwei Dinge bringen uns immer wieder ins Amsterdamer Chinatown: das Essen und der He-Hua-Tempel. Dieser Tempel ist eine zauberhafte, kleine Oase inmitten des Rotlichtvierteltrubels; sobald man ihn betreten hat, vergisst man den Lärm und die Geschäftigkeit, die draußen direkt vor der Tür herrschen. Ein freundlicher Mönch nickt dem Besucher gütig zu, bevor man den kleinen Raum betritt, in dem es sich wunderbar verweilen und Kraft tanken lässt.
Danach geht es lecker essen in ein Restaurant auf dem Zeedijk – hier gibt es die mit Abstand besten asiatischen Restaurants der ganzen Stadt. Wer die echte chinesische Küche zu moderaten Preisen kosten möchte, dem empfehlen wir das „Hoi Tin", eine Amsterdamer Institution, in der es unter anderem köstliche Dumplings, also gefüllte Teigtaschen, gibt. Wer eher auf Thai-Food steht: Eines der besten Thai-Restaurants der Stadt, das „Bird", ist nur wenige Meter entfernt.

● Fo Guang Shan Holland Tempel, Zeedijk 106-118, 1012 BB Amsterdam
www.ibps.nl
● ÖPNV: Tram 2, 11, 12, 13, 17, Haltestelle Dam

華向結實百福納千祥

Der Liebling der Stadt

39

Das gutherzige Lieverdje-Denkmal

Früher befand sich auf dem Spuiplatz ein täglicher Markt, auf dem Kunsthandwerk, Früchte, Gemüse, Käse und Stoffe verkauft wurden. Ein quirliger Markt, auf dem gut gehandelt wurde. Als der Markt abends zusammengeräumt und der Abfall und die faulenden Früchte zurückgelassen wurden, profitierten davon nicht nur die Möwen und Ratten, sondern auch die Bettler und Straßenkinder. Wenn der Hunger aber schon während des Tages nicht mehr auszuhalten war, dann schlich man in der Hoffnung, dass einem vielleicht doch ein Stück Obst zugesteckt wurde, schon früher um die Essensstände.

Eine kleine Straßenkindergang allerdings machte ihre eigenen Regeln. Für sie war der Markt ihr Zuhause, ihr Spielplatz und versorgte sie mit allem, was sie zum Leben brauchten. Die Straßenkinder tricksten die Verkäufer meist mit Ablenkungsmanövern aus, sodass ein anderer Teil der Gruppe schnell das Nötigste vom Stand plündern konnte. Ihr liebster Zeitvertreib war das Streichespielen. Damit hielten sie die Marktbesucher und -verkäufer ordentlich auf Trab. Richtige Lausbuben waren es. Und so anstrengend und ungehorsam sie oft auch waren, sie gehörten einfach zur Stadtgemeinschaft dazu.

Berühmt wurde die Straßengang, als eines Tages in der sich hinter dem Markt befindenden Gracht ein Hund zu ertrinken drohte. Langsam bildete sich eine Menschentraube um das Ufer. Alle gafften, doch keiner griff ein. Als wäre es nicht genug, dass die beschäftigten Marktverkäufer keine Miene verzogen und ihre Arbeit nicht unterbrechen wollten, lachten manche der Marktbesucher sogar. Keiner scherte sich um das Leben des Hundes, außer die Straßenjungen. Sie sprangen waghalsig in die Gracht und retteten mit geeinter Kraft das erschöpfte Tier. So viel Unfug sie auch trieben, ein goldenes Herz hatten sie allemal, und daher steht heute auf dem Spuiplatz das *Lieverdje-Denkmal* in Gedenken an die berühmten Amsterdamer Lieblinge. Ein Ort, der einem ein Lächeln ins Gesicht zaubert, weil man daran erinnert wird, dass man ruhig Flausen im Kopf haben kann, wenn das Herzlein am richtigen Fleck schlägt.

- Het Lieverdje, Spui 14, 1012 XA Amsterdam
- ÖPNV: Tram 2, 11, 12, Haltestelle Spui

Raus ins Grüne

40 Das Naturgebiet Het Twiske

Ab aufs Fahrrad, dann die kostenlose Fähre besteigen, die zwischen dem Amsterdamer Hauptbahnhof und dem Stadtteil Amsterdam Noord pendelt, und nach dreißig Minuten gemächlicher Radtour hat man das malerische Naherholungsgebiet Het Twiske erreicht. Es erstreckt sich zwischen Zaandam und Purmerend auf einer Fläche von 650 Hektar und ist besonders im Sommer atemberaubend schön. Zu einem Drittel besteht Het Twiske aus Wasser, deswegen kommen Wasserratten hier natürlich voll auf ihre Kosten, sei es beim Schwimmen, Tauchen, Tretboot- oder Kanufahren, Rudern oder Segeln. Ein Picknick auf einer der endlos weiten Wiesen oder ein Sonnenbad an einem der kleinen Strände lohnen sich als Ausflugsziel aber ebenso gut – das Angebot zur Erholung vom Stadttrubel ist riesig.

In der Mitte von Het Twiske liegt der See „De Stootersplas". Eine Wanderung um den See herum lässt sich wunderbar im beliebten Café „Paviljoen Twiske" abschließen, wo leckere Kuchen und köstliche Sandwichs serviert werden.

Vielen Menschen wird man auf seinen Wegen durch Het Twiske dennoch nicht begegnen, zu weitläufig ist das Naturschutzgebiet, das an die ebenso idyllische Region Waterland grenzt. Eher trifft man auf Wasservögel, die sich in Het Twiske in großer Zahl tummeln und bei ihrem Treiben beobachtet werden können. Wer mit Kindern herkommt, sollte sich einen Besuch des Abenteuer- und Wasserspielplatzes nicht entgehen lassen: Hier kann man nach Herzenslust klettern, mit einem Floß über das Wasser fahren oder mit der Seilbahn durch die Lüfte sausen.

Eine besondere Erwähnung verdient die „Zorgboederij De Marsen": Der holzvertäfelte Bauernhof mit sozialer Ausrichtung unterhält einen Laden, in dem über hundert Bio-Produkte aus dem Gemüsegarten und der eigenen Viehhaltung verkauft werden. Von dort ist es dann nicht weit bis zur „Twiskemolen", einer monumentalen Windmühle.

- Het Twiske, www.twiske-waterland.nl
- ÖPNV: Bus 292, Haltestelle Oostzaan, de Kunstgreep

Die Stadt als Bühne

41 Das Prinsengrachtconcert

Im Sommer, wenn sich bis in die späten Abendstunden das Sonnenlicht auf dem Wasser der Grachten spiegelt und die malerischen Hausfassaden in einen warmen Glanz taucht, ist Amsterdam sowieso die schönste Stadt der Welt. Zum absoluten Glücksszenario fehlt dann nur noch die passende musikalische Untermalung.

Wer Amsterdam im August besucht, sollte sich das Grachtenfestival nicht entgehen lassen. Zehn Tage lang wird die Stadt zur Bühne für Musiker aus aller Welt, die klassische Musik, Jazz oder die Weisen ihrer Heimatländer vortragen. Von Ost nach West, von Nord nach Süd: An 90 verschiedenen Orten über die ganze Stadt verstreut können rund 250 Konzerte besucht werden. Ein besonderer Schwerpunkt des Sommerfestivals liegt auf der Entwicklung junger Musiker, weswegen jedes Jahr der Grachtenfestival-Preis an herausragende Nachwuchsmusikanten verliehen wird.

Während der zehn Tage des Grachtenfestivals liegt eine ganz besondere Atmosphäre über der Stadt; überall schallt Musik aus Häusern, Konzertsälen oder von Open-Air-Bühnen, und die vielen Besucher aus den Niederlanden und der ganzen Welt lauschen andächtig, während sie die Schönheit des Amsterdamer Spätsommers genießen.

Der absolute Höhepunkt im Zeitraum des Grachtenfestivals ist das Prinsengrachtconcert – ein nationales Happening. Das klassische Open-Air-Konzert findet abends unter freiem Himmel auf einer temporären Bühne vor dem Hotel Pulitzer statt. Dann liegt die ganze Gracht voller Boote – viele sichern sich schon am frühen Morgen einen guten Platz – und rund 10.000 Besucher genießen die prächtigen Orchesterklänge, die über das Wasser schallen. Das Konzert ist kostenlos und endet traditionell mit einer Version der inoffiziellen Stadthymne „Aan de Amsterdamse Grachten". Spätestens dann hat jeder Zuhörer sein Herz an Amsterdam verloren.

- Hotel Pulitzer Amsterdam, Prinsengracht 323, 1016 GZ Amsterdam
www.pulitzeramsterdam.com
- ÖPNV: Tram 13, 17, Bus 282, 283, 284, Haltestelle Westermarkt

DE WITTE SLOEP
BLOEMPJE

Von Bauern & Blumen

42 Der Noordermarkt

Schon am frühen Samstagmorgen werden die kleinen Stände am Fuße der malerischen Noorderkerk aufgebaut. Denn spätestens ab 9 Uhr strömen die Amsterdamer auf ihren geliebten Noordermarkt, um ihre Wocheneinkäufe zu erledigen oder auf dem Antiquitätenmarkt nach besonderen Fundstücken zu stöbern. Der Noordermarkt ist der beliebteste Wochenmarkt unter den Stadtbewohnern und mit Sicherheit der schönste.

Der Markt ist zweigeteilt: Auf der einen Seite des Platzes bieten Bauern aus dem Umland ihr frisches Bio-Gemüse und -Obst an, der Pilzhändler präsentiert sein umfangreiches Sortiment, die Käsehändler lassen ihre Kunden von den leckersten goldgelben Sorten kosten, die Kräuterfrau reicht duftende Gewürz- und Heilpflanzen über ihre Theke. Aber auch Brot, Fleisch, Honig, Reis, Nudeln und andere Bio-Köstlichkeiten lassen sich auf dem Noordermarkt erstehen. Besonders gerne kaufen die Marktbesucher bei Jan ein, dem Fischhändler. Meist kommt er am frühen Morgen direkt vom Meer an seinen Stand, um seinen Kunden den frischesten Fisch anbieten zu können, denn die meisten seiner Fische fängt er selbst. Auch die feinsten Austern gibt es bei Jan – sie schmecken am allerleckersten direkt auf dem Markt und zusammen mit einem Gläschen Prosecco, das Jan glücklicherweise gleich mit im Sortiment führt.

Auf der anderen Hälfte des Marktes werden Liebhaber von Antiquitäten und Kuriositäten glücklich. Denn auf dem Noordermarkt, den es schon seit Mitte des 17. Jahrhunderts gibt, wurden ursprünglich Gebrauchsgegenstände verkauft; an diese Tradition knüpfen die Antiquitätenhändler an und verwandeln den Noordermarkt in eine wunderbare Mischung aus Alt und Neu. Rembrandt, der damals in Laufnähe wohnte, soll sich hier mit Requisiten für seine Gemälde eingedeckt haben. Während Lebensmittel auf dem Noordermarkt nur am Samstag verkauft werden, sind die Antiquitätenhändler auch zwei Tage später, am Montag, wieder da. Dann erstreckt sich der Markt bis auf die Westerstraat, auf der vor allem Kleidung und Stoffe verkauft werden.

● Noordermarkt, 1015 NA Amsterdam
● ÖPNV: Tram 3, 5, Bus 18, 21, 288, Haltestelle Marnixplein, Bus 18, 21, 22, 281, 288, Haltestelle Buiten Oranjestraat

eigen tuin
Frieslander
aardappel
palmkool
coeur de boeuf
kersen

Eine Stadt auf Pfählen

43

Multimediale Einblicke in die Geschichte der Grachten

13.659 – so viele Holzpfähle halten den Palast am Damplatz zwölf Meter über dem morastigen Grund, auf dem ganz Amsterdam errichtet wurde. Ohne sie würde dieses kolossale Gebäude im Herzen der Stadt ganz einfach versinken. Doch nicht nur der Palast steht auf Stelzen, sondern die gesamte Stadt! Ein wahre architektonische Meisterleistung, der ein Museum gewidmet wurde: das Museum „Het Grachtenhuis". Wie man dieses außergewöhnliche Fundament ohne jegliche maschinelle Hilfe im 17. Jahrhundert errichtet hat, ist nur eine der faszinierenden Entdeckungen, die man während einer Reise durch die multimediale Ausstellung des „Grachtenhuises" machen kann. Projektionen, 3-D-Animationen und Modelle bringen einem die Geschichte des Amsterdamer Grachtengürtels näher, mit dessen Anlegung man vor etwas mehr als 400 Jahren begonnen hat.

Damals mauserte sich Amsterdam gerade von einem Fischerdörfchen zur wichtigsten Handelsmetropole der Welt. Die Bevölkerung war auf 200.000 Einwohner angewachsen und machte Amsterdam damit zur drittgrößten Stadt Europas. Platz für Wohnraum war aufgrund der Bodenbedingung seit jeher knapp, doch nun wurde es wirklich zu eng. Auf Initiative des damaligen Bürgermeisters begann man daher mit der einzigartigen Konstruktion der Heren-, Keizers- und Prinsengracht, die sich vierzig Jahre später um die gesamte Stadt erstrecken sollten. Einer der fünf Ausstellungsräume im „Grachtenhuis" verbildlicht diese städtebauliche Entwicklung und zeigt anhand alter Stadtpläne, wie die Stadt Amsterdam nach und nach zu ihrer markanten Zwiebelform kam. Weiter geht die Entdeckungsreise in einen Raum, der Einblicke hinter die Fassaden der eindrucksvollen Grachtenhäuser gewährt. Hier ist das Reinspähen in die gardinenlosen Fenster ausnahmsweise ausdrücklich erwünscht. Und wenn man nach Verlassen der interaktiven Ausstellung die Grachten entlangschlendert oder eine Grachtenfahrt macht – die natürlich bei keinem Amsterdam-Besuch fehlen darf –, blickt man auf einmal mit ganz anderen Augen auf dieses bauliche Meisterwerk, das seit 2010 UNESCO-Weltkulturerbe ist.

● Het Grachtenhuis, Herengracht 386, 1016 CJ Amsterdam
www.hetgrachtenhuis.nl
● ÖPNV: Tram 2, 11, 12, Haltestelle Koningsplein

Kostenloses Klassikvergnügen

44

Lunchkonzert im Concertgebouw

Wer klassische Musik liebt und sich mitten am Tag eine Auszeit vom Großstadttrubel gönnen möchte, sollte sich ein kostenloses „Lunchkonzert" im Koninklijk Concertgebouw nicht entgehen lassen. Das weltberühmte Konzerthaus mit beeindruckender Architektur und Akustik wurde 1888 eröffnet und wird jedes Jahr von etwa 850.000 Musikliebhabern besucht.

Jede Woche, außer im Juli und August, finden die einstündigen Gratiskonzerte am Mittwochmittag um 12.30 Uhr im Großen oder Kleinen Saal des Concertgebouws statt. Dargeboten werden öffentliche Proben des Königlichen Concertgebouw Orchesters, Konzerte der Konservatorien oder Kammermusik junger Nachwuchstalente.

Oft kann man die Virtuosen, die am Abend zur ausverkauften Hauptvorstellung den Konzertsaal füllen, mittags ganz entspannt sehen und ihren kunstvollen Darbietungen lauschen. Die begehrten Gratiskarten können online oder direkt an der Kasse gekauft werden – hat man eine Karte ergattert: ein echter Glücksmoment! Empfehlenswert für vor oder nach dem Konzert ist auch das Concertgebouw-Café mit seinen köstlichen Salaten und Kuchen. Wenn man eines der Konzerte erwischt, die im Großen Saal stattfinden, erlebt man die Schönheit des Concertgebouws in ihrer ganzen Pracht. Weich sinkt man in die roten Samtsitze, bestaunt die enorme Orgel am Kopfende des Raums und bewundert die Balkoninschriften: Hier sind alle großen Komponisten verewigt, die entweder im Concertgebouw aufgetreten sind oder deren Werke hier Premiere feierten – eine eindrucksvolle Ehrengalerie.

Wer nach den Mittagskonzerten noch ganz in kultureller Stimmung ist: Zu den großen Museen von Van Gogh über Stedelijk Museum bis hin zum Rijksmuseum läuft man jeweils nur wenige Minuten.

TIPP

Das Concertgebouw bietet sehr gute Führungen an, auch in englischer Sprache.

● Concertgebouw, Concertgebouwplein 10, 1071 LN Amsterdam
www.concertgebouw.nl
● ÖPNV: Tram 3, 5, 12, Bus 288, Haltestelle Museumsplein

CONCERT-GEBOUW
ZOMER
CONCERTEN

Die Manifestation der Freiheit

45 Fahrradfahren durch den Amsterdamer Grachtengürtel

Amsterdams Lebensgefühl liegt auf dem Fahrradsattel: Schwungvoll über die ulmengesäumten Grachten mit Wind im Haar radeln, was gibt es Schöneres? Die Amsterdamer sind sich einig: natürlich nichts. Der Niederländische Fahrradbund erklärt sogar, dass sich in keiner anderen Handlung das Gefühl der Freiheit so stark manifestiert wie im Radfahren. Kaum kommt man in Amsterdam an, ist das Erste, was einem in der Innenstadt auffallen wird, dass es überall von Radfahrern wimmelt. Schneller, als man denkt, wird man angeklingelt oder überholt. Kleine Rebellen sind sie also, die Radler. Das muss sie sein, die Freiheit, von der der Fahrradbund spricht: sich frei bewegen und sich dabei ein wenig über Regeln hinwegsetzen. Doch die Freiheit geht tiefer: Von allen Ländern der Welt nutzen die Niederländer das Fahrrad am häufigsten als tägliches Verkehrsmittel. Das Radfahren ist Teil der niederländischen Identität und Symbol der Unabhängigkeit.

Wer die Freiheit selbst spüren möchte, der sollte unbedingt ein Fahrrad mieten. Überall in der Innenstadt gibt es Fahrradläden, die Räder verleihen. Von normalen Fahrrädern, über Tandems bis hin zu *Bakfietsen* findet man hier alles. Ein Bakfiets ist ein spezielles Lastenrad, das besonders gut geeignet ist, wenn man mit Kindern unterwegs ist.

Auf einer Runde durch den Grachtengürtel, beginnend zum Beispiel am Hauptbahnhof via Nieuwmarkt, durch das Jüdische Viertel und an die Amstel zur Mageren Brücke, kann man sich an schönen Fotomotiven gar nicht mehr sattsehen. Von der Amstel aus geht es weiter zum Rijksmuseum am Museumplein. Unbedingt sollte man durch das Rijksmuseum hindurchradeln, denn hier wird immer musiziert. Eine einzigartige Stimmung! Danach empfiehlt es sich, in den danebenliegenden Vondelpark mit den einladenden Wiesen zu fahren, auf denen man ein Päuschen einlegen kann. Abgerundet wird der Radelausflug mit dem Jordaan-Viertel mit all den kleinen Häuschen, pittoreksen Brücken und netten Cafés. Herrlich!

TIPP

Mac Bike an der Oosterdokskade 63A (www.macbike.nl) hat ein riesiges Fahrraddepot. Hier bekommt man immer einen passenden Drahtesel!

- Centraal Station, Stationsplein, 1012 AB Amsterdam
- ÖPNV: Zug zum Hautbahnhof Amsterdam Centraal, Tram 2, 4, 11, 12, 13, 14, 24, 26, Haltestelle Centraal Station

HOTEL

Viel Kuchen & etwas Quiche

46 Im Kuchenhimmel: das Café „De Laatste Kruimel"

Wer, auch wie wir, Kuchenessen zu einer seiner liebsten Samstagnachmittagsbeschäftigungen zählt, den wird das purste Glücksgefühl bereits beim Betreten des netten Cafés „De Laatste Kruimel" voll und ganz packen (natürlich auch an jedem anderen Wochentag). Versteckt in einer Seitenstraße gleich neben der Amstel, im Langebrugsteeg, duftet einem schon der warme holländische Apfel-Zimt-Kuchen, der gerade aus dem Ofen kommt, entgegen. Die Schaufenster des Cafés sind so einladend mit Etageren mit den leckersten Kuchenkreationen dekoriert und das Café so liebevoll mit Holzkisten und Kissen eingerichtet, dass an diesem schnuckeligen Ort wirklich kein Weg vorbeiführt. Brownies, Karotten-, Zucchini-, Himbeer-, Schokoladenkuchen und andere wunderbare Kreationen werden direkt im Café neben den wenigen kleinen Tischlein gebacken. Man kann den fleißigen Backbienchen also dabei zusehen, wie sie Mehl wiegen, Butter erwärmen und Eiweiß schaumig schlagen. Ein richtig heimeliges Gefühl bekommt man da, als säße man in der Küche eines guten Freundes.

Wer Glück hat, ergattert die fünf Plätze draußen auf dem sehr kleinen Balkon über der Gracht. Wenn es aber doch mal zu eng wird, denn das Café ist nur zwanzig Quadratmeter groß, dann nimmt man sich den wunderbaren Kuchen am besten mit und setzt sich ein paar Meter weiter auf die Bänke direkt am Grimburgwal oder an den Oudezijds Voorburgwal.

Neben Kaffee und Gebäck werden hier aber auch frische Sandwiches zubereitet (mehr als zwanzig verschiedene und in unterschiedlichen Größen, sodass der Kuchen noch in den Magen passt), und es gibt bunte Quiches und Salate. Wenn also eine kleine Pause während des Innenstadt-Sightseeingprogramms ansteht, dann ist der „Laatste Kruimel" die richtige Adresse, denn hier schmeckt alles bis zum „letzten Krümel" einfach traumhaft gut.

TIPP

Wer seinen Studentenausweis zeigt, bekommt zehn Prozent Rabatt auf alle Leckereien!

● De Laatste Kruimel, Langebrugsteeg 4, 1012 GB Amsterdam
www.delaatstekruimel.nl

● ÖPNV: Tram 4, 14, 24, Bus 285, 287, Metro 52, Haltestelle Rokin

LYPPENS
"LA MARGARITA"
MEXICAN
Mexican specialities like
Tacos,Burrito's and Enchilada
Vegetarian food
Famous are our
Margarita and many other
Heineken

Eine kreative Zauberwelt

47 Der Laden „Het Muizenhuis“

Nirgendwo lässt sich das Glück der Kindheit so eindrucksvoll bestaunen und nachempfinden wie im Geschäft „Het Muizenhuis“. Ursprünglich eröffnet im Stadtteil Jordaan und dann an den Muntplein umgezogen, ist das Muizenhuis einer der zauberhaftesten Orte in der ganzen Stadt. Nicht nur Kinder drücken sich am Schaufenster die Nasen platt, auch großen Menschen bleibt der Mund offen stehen beim Anblick von so viel Schönheit und Detailverliebtheit.

Karina Schaapman, die Erschafferin des „Muizenhuis“, ist in erster Linie die Autorin der Muizenhuis-Bücher: Sie bilden das Fundament der Muizenhuis-Erfolgsgeschichte – inzwischen ist die Kinderbuchreihe in 27 Sprachen übersetzt und mehrfach ausgezeichnet. In ihnen wird das Universum der beiden kleinen Mäuse Sam und Julia dargestellt: Die beiden Mäuschen erleben ihre Abenteuer in einer nostalgischen Miniaturwelt, in der jedes Töpfchen, jedes Weihnachtskügelchen, jedes Schiffchen von Karina Schaapman selbst gebaut und gebastelt wurde. Das allererste „Muizenhuis“, das sich heute im Erdgeschoss der Zentralbibliothek bewundern lässt, ist also kein Puppenhaus, sondern die Fotokulisse für das erste Buch der Reihe.

Im „Muizenhuis“-Geschäft lassen sich die Mauswelten der Folgebände bewundern – ein Zirkus, ein Mäuse-Wohnhaus, das sich über mehrere Etagen erstreckt, ein Theater, ein Hafen, ein Jahrmarkt. Wer davor steht, entdeckt stundenlang neue, kleine Details; mithilfe der Ferngläser, die vor den Ausstellungsstücken hängen, erkennt man noch das kleinste Äpfelchen und Einkaufskörbchen und wundert sich ungläubig, wie viel Geduld, wie viel Talent die Erbauerin haben muss, um eine solch einzigartige Welt zu erschaffen.

Am besten fragt man sie gleich vor Ort, denn „Het Muizenhuis“ ist nicht nur ein Geschäft, in dem man Bücher und andere Muizenhuis-Artikel kaufen und die tollen Kulissen bestaunen kann. Ebenfalls im Laden befindet sich die Muizenhuis-Werkstatt: aufgetürmte Stoffballen, kleinste Gegenstände, unzählige Knöpfe – am liebsten würde man sich gleich hinsetzen und mitbasteln.

TIPP
Im Geschäft sind die „Muizenhuis“-Bücher auch auf Deutsch erhältlich.

- Het Muizenhuis, Muntplein 8, 1012 WR Amsterdam
  www.hetmuizenhuis.nl
- ÖPNV: Tram 24, Bus 82, 83, 88, Haltestelle Muntplein

ARIEL

Obst in Bestform

48 Der Apfelkuchen im „Winkel 43"

Ein großes Stück Apfelkuchen, ein dicker Klecks Schlagsahne darauf, dazu eine Tasse Kaffee – viel holländischer kann es nicht werden! Die „Appeltaart" ist das Standard-Gebäck in den Niederlanden, und wer in einem Café „Koffie met gebak" bestellt, kann davon ausgehen, dass ihm gleich ein duftendes Stück Apfelkuchen serviert wird. Das Rezept für die typische niederländische „Appeltaart" findet sich schon im ältesten Kochbuch der Niederlande aus dem Jahr 1514, es ist also davon auszugehen, dass die Holländer ihren geliebten Apfelkuchen schon deutlich länger verspeisen.

Natürlich gibt es Apfelkuchen auch in anderen Ländern, aber jede Nation bereitet ihn ein bisschen anders zu. Charakteristisch für den Apfelkuchen in den Niederlanden ist der großzügig verwendete Sandteig, aus dem Boden und Seiten des Kuchens hergestellt werden. Die Füllung besteht aus weich gekochten Apfelscheiben, Rosinen, Zitronensaft und Zimt. Gekrönt wird die Appeltaart mit einem Gitter aus Teigstreifen. Die samtig-weiche Füllung in Kombination mit dem knusprigen Teig – ein himmlischer Genuss.

Natürlich wird auch in Amsterdam an allen Ecken „Appeltaart" angeboten, aber nur in einem Café ist er so lecker, buttrig und zimtig, dass es zum Pilgerort für Kuchenliebhaber geworden ist. An der Ecke Westerstraat/Prinsengracht gelegen, kann man das Café „Winkel 43" riechen, bevor man es sieht. Jeden Tag werden hier Dutzende von Apfelkuchen gebacken, am Freitag schiebt das Personal Überstunden, um dem Ansturm am Samstag gerecht zu werden, wenn vor der Tür der Bauernmarkt stattfindet und die Tabletts mit Kaffee und Kuchen nur so durch die Lüfte wirbeln. Dass immer gerade ein neuer Kuchen aus dem Ofen kommt, erhöht den kulinarischen Genuss noch einmal deutlich, denn meist ist der Kuchen leicht warm, wenn er serviert wird.

Ein Tipp der Autorinnen: Nach dem Besuch des Cafés sollte man in den folgenden zwei bis drei Stunden besser keine weitere Nahrungsaufnahme einplanen …

● Winkel 43, Noordermarkt 43, 1015 NA Amsterdam
www.winkel43.nl
● ÖPNV: Tram 3, Bus 18, 21,

Hoch lebe der König

49 Der Jordaan am Koningsdag

Dank der nüchtern-protestantischen Prägung gibt es in den Niederlanden relativ wenige Feiertage. Einmal im Jahr ist von dieser Nüchternheit nicht viel zu spüren, nämlich am 27. April, dem Geburtstag des Königs Willem-Alexander. Der „Koningsdag" ist nicht nur der einzige Tag im Jahr, an dem wirklich alle Geschäfte geschlossen sind – zumindest ab den frühen Mittagsstunden, irgendwo muss das Heineken ja herkommen –, sondern die mit Abstand größte und ausgelassenste Party des Landes, mit Amsterdam als nationaler Partyzentrale.
Der Königstag beginnt schon am Abend zuvor mit der „Koningsnacht". Im Jordaan-Viertel, das als Herzkammer der Feierlichkeiten gilt, sind rund um die Westerstraat und die Lindengracht Bühnen und Stände aufgebaut, niederländische Schlager und bekannte Popsongs tönen aus den Lautsprechern, und alle Amsterdamer sind vereint in festlichem Nationalstolz und feuchtfröhlicher Feierlaune.
Am nächsten Morgen wird das „Herstelbiertje" getrunken, das Bierchen, um den Kater zu bekämpfen, und los geht es zu den Konzerten und Events des Königstags. Am schönsten ist es aber, sich einfach durch die Straßen und Grachten treiben zu lassen und sich von der unglaublichen Ausgelassenheit, die an allen Ecken der Stadt herrscht, anstecken zu lassen. Zu den 50.000 Einwohnern, die dann im Zentrum unterwegs sind, gesellen sich im Laufe des Tages noch einmal etwa 250.000 Besucher. Kein Wunder, der Königstag in Amsterdam ist ein einmaliges Erlebnis: Die Stadt erstrahlt in Orange, jeder trägt Kleidung und Accessoires in der Farbe des Königshauses. Auf den Grachten drängen sich geschmückte Boote, aus deren Lautsprechern fröhliche Musik tönt, und auf den Straßen und in den Parks findet der „Vrijmarkt" statt, eine Art riesengroßer Flohmarkt. Denn am Königstag darf jeder zum Verkäufer werden und außer Alkohol alles verkaufen, was er möchte. Vor allem morgens finden Besucher hier tolle Schnäppchen.

TIPP
Familien empfehlen wir einen Besuch im Vondelpark, hier wird am Koningsdag viel für Kinder geboten.

In aller Munde

50 Der Van-Stapele-Schokoladenkeks

Wenn Vera van Stapele am Morgen zu ihrem Laden fährt, ist die Stadt oft noch ganz leer, aber im Heisteeg herrscht bereits reges Treiben. Noch bevor sie ihr kleines Geschäft öffnet, gibt es meist schon eine lange Menschenschlange vor der Tür: Kunden mit sehnsüchtigem Blick, die es kaum erwarten können, ihren geliebten Schokoladenkeks in der Hand zu halten – oder noch besser: ihn zu genießen.

Die „Van Stapele"-Keksbäckerei verkauft nur ein einziges Produkt, einen Schokoladenkeks. Aber nicht irgendeinen Schokoladenkeks, sondern den allerallerbesten überhaupt. Das Besondere ist: Der knusprige dunkle Schokoladenteig ummantelt einen Weiße-Schokolade-Kern, der fast flüssig in den Mund läuft und dort eine wahre Schokoladengeschmacks-explosion verursacht. Dieses Erlebnis wird einen für immer prägen. Denn ab dem Moment des ersten Bissens wird man sich fragen, warum man so viel Zeit im Leben mit nur halb so guten Schokoladenkeksen zugebracht hat.

TIPP
Nicht zu spät vorbeikommen: Am frühen Nachmittag sind die ofenfrischen Kekse manchmal schon ausverkauft!

Vera hatte ursprünglich Psychologie studiert, bis sie es sich zum Ziel setzte, den weltweit besten Schokoladenkeks zu backen. Es vergingen Monate. Verschiedene Schokoladen- und Zuckersorten mussten probiert werden, bis eines Tages an einem Februartag der perfekte Keks gelang. Ihre Freunde waren begeistert, und sie noch mehr. Der Geschmack des Kekses ließ sie nicht mehr los. Das Erste, woran sie nach dem Aufstehen dachte, war dieser unglaubliche Geschmack. Sie wollte, dass auch andere daran teilhaben, und beschloss daher, einen Keksladen zu eröffnen, in dem der Keksteig genau nach diesem Rezept frisch mit der Hand zubereitet, geknetet und gebacken wird.

Als Vera damit anfing, rechnete ihr Bruder aus, dass sie mehr als 220 Kekse pro Tag verkaufen müsste, um ins Plus zu kommen. Ein Ding der Unmöglichkeit, hieß es. Heute kann sie darüber nur lachen, denn mehr als 3000 Schokoladenkekse zaubern heute jeden Tag das schönste Grinsen in die Gesichter der Schokoladenfreunde aus aller Welt – und es werden immer mehr.

- Van Stapele Koekmakerij, Heisteeg 4, 1012 WC Amsterdam
www.vanstapele.com
- ÖPNV: 2, 4, 11, 12, Haltestelle Spui

Van Stapele
KOEKMAKERIJ

Vom Zauber der Wasserwege

51 Bootfahren auf den Amsterdamer Wasserstraßen

Das Wasser plätschert leise am Bug, die Sonnenstrahlen brechen sich glitzernd auf der Oberfläche der Grachten, das Getöse der Innenstadt beginnt erst hinter der nächsten Kaimauer … Am schönsten ist Amsterdam, wenn man es vom Wasser aus erkundet. Dann erst zeigen sich verborgene Hinterhöfe, die üppig bepflanzten Rückseiten der Parkanlagen, kleine, verborgene Stadtstrände, die man von der Straße aus nie entdecken würde. Die entgegenkommenden Bootsfahrer grüßen freundlich, als sei man auf den ruhigen Straßen eines kleinen Dorfes unterwegs. Natürlich ist die Erkundung des Grachtengürtels mit seinen unzähligen kleinen Brücken und atemberaubenden Ausblicken auf die Sehenswürdigkeiten der Stadt ein Muss. Aber auch eine Wasserreise über den Stadtfluss Amstel, der aus der Stadt herausführend immer breiter und beschaulicher wird und an jahrhundertealten, romantischen Ortschaften wie Ouderkerk aan de Amstel vorbeiführt, sei jedem Bootsfahrer ans Herz gelegt. Denn am schönsten ist es, die Wasserwege in und rund um Amsterdam auf eigene Faust zu erkunden. Dann vertäut man sein Bötchen einfach dort, wo es am idyllischsten ist, lässt sich am Ufer auf der Picknickdecke nieder oder kehrt in eines der unzähligen Cafés oder Restaurants ein, die entlang der Kanäle und Flüsschen liegen. Für das Fahren eines kleinen Bootes braucht man keinen Bootsschein, deswegen lässt es sich nach Lust und Laune durch Amsterdam und sein Umland schippern.

Für die kulturell und historisch interessierten Stadtbesucher lohnt sich natürlich eine klassische Grachtenfahrt. Auch hier ist für jeden Geschmack etwas dabei: Neben den Touren, die zwischen einer und anderthalb Stunden dauern und die Highlights von Amsterdam abfahren, lassen sich romantische Dinner-Fahrten, hippe Brunch-Trips oder interessante Hafenrundfahrten unternehmen. Nahezu alle Reedereien bieten auch individuelle Fahrten an, sei es auf einem wunderschön-nostalgischen Salonboot oder mit einer kleinen Gruppe auf einer klassischen „Sloep“. Egal, welches Bötchen man besteigt: Amsterdam vom Wasser aus ist eine einmalige Erfahrung.

- Mokum Boot Amsterdam, Nassaukade 351, 1053 LZ Amsterdam
www.mokumbootverhuur.nl
- ÖPNV: Tram 5, 7, 17, 19, Bus 284, 288, Haltestelle Elandsgracht

EGELANTIERS
GRACHT

Ein Paradies in Waterland

52 Der Theetuin Overleek

Dieser Glücksort befindet sich etwas außerhalb von Amsterdam, aber der Theetuin Overleek in der wunderschönen Region Waterland ist einer unserer absoluten Geheimtipps und eignet sich perfekt für einen Ausflug in die Natur.

Mit ihrem Theetuin („Teegarten") hat die Familie Deun im Dörfchen Overleek, das etwas außerhalb des romantischen Fischerortes Monnickendam liegt, eine wunderbar idyllische Oase für Ruhesucher geschaffen. Das kleine Gehöft erinnert an die Bücher Astrid Lindgrens, und alles hier ist selbst gemacht: die Gartenanlage von Vater Deun erbaut, die köstlichen Kuchen und süßen Kleinigkeiten von Mama Deun gebacken. Gäste entspannen sich entweder im bilderbuch-romantischen Garten oder auf der Terrasse direkt am Haupthaus, an der ein kleines Flüsschen gemächlich entlangplätschert. An den kleinen Tischen werden nicht nur Kuchen, sondern auch leckere Brote serviert, alle Speisen sind aus den frischesten Zutaten zubereitet. Auch High Tea kann man hier genießen und sich durch eine Auswahl der besten Häppchen futtern. Kinder lieben den Spielplatz im Garten, auf dem auch Kaninchen und ein paar Hühner wohnen.

Wer die malerische Region Waterland rund um den Theetuin erkunden möchte, der begibt sich am besten auf eine Entdeckungsreise zu Boot. Die Familie Deun vermietet verschiedene „Fluisterboote", Boote mit Elektromotor, für unterschiedliche Gruppengrößen – auf dem kleinsten finden etwa fünf Personen Platz, auf dem größten 25. Außerdem können Kanus ausgeliehen werden.

Perfekt abgerundet wird der Tag auf dem Wasser mit einem der köstlich bestückten Picknickkörbe aus dem Theetuin. Wer ein Boot ausleihen möchte, der sollte gerade bei guter Wettervorhersage rechtzeitig online reservieren, denn die Bötchen sind sehr beliebt. Wird das Wetter schlecht, kann die Reservierung kostenlos storniert werden. Aber Vorsicht: In den regenreichen Niederlanden bedeutet „schlechtes Wetter" nicht immer dasselbe wie in Deutschland …

● Theetuin Overleek, Overleek 6a, 1141 PD Monnickendam
www.theetuinoverleek.nl

● ÖPNV: Bus 314 nach Edam – Hoorn bis Monnickendam, Bernhardbrug fahren, dann Bus 419 nach Monnickendam, Grote Kerk, Ausstieg bei Overleek, Theetuin

Hier darf gemeckert werden

53

Der Bauernhof Geitenboerderij

Drei Mal so groß wie der New Yorker Central Park und jährlich sechs Millionen Besucher: Der Amsterdamse Bos im Süden der Stadt ist das Naherholungsgebiet der Amsterdamer. Spazieren, rudern, Open-Air-Konzerte oder Theatervorstellungen besuchen – im Amsterdamse Bos können alle Altersgruppen so richtig abschalten und die Seele baumeln lassen.

Einer der vielen verschlungenen Pfade der in den 1930er-Jahren angelegten Parkanlage führt zur idyllischen Geitenboerderij Ridammerhoeve. „Geitenboerderij" heißt „Ziegenfarm", und der Name ist Programm: Neben Hühnern, Kühen, Lämmern, Pferden und Schweinen bietet der Bauernhof rund hundert kleinen und großen Ziegen ein Zuhause. Die kleinen Zicklein können mit Milchflaschen gefüttert werden, die im Café des Bauernhofs erhältlich sind. Kein Wunder, dass sich besonders Familien mit Kindern ausgesprochen wohl auf der Geitenboerderij fühlen und viele Stunden damit verbringen, sich um die Tierchen zu kümmern, den Mitarbeitern bei der Stallarbeit zuzusehen, Eier in den Hühnerställen zu sammeln oder auf dem großartigen Spielplatz herumzutoben.

Damit die Besucher alle Facetten des Bauernhoflebens mitbekommen, unterhält die Geitenboerderij auch einen Gemüsegarten, in dem Bio-Gemüse und Kräuter angebaut werden, sowie einen Hofladen, in dem die Köstlichkeiten aus eigenem Anbau verkauft werden. Wer zwischendurch eine kleine Pause von allen Bauernhofaktivitäten benötigt, der sollte Platz nehmen auf der von hohen Bäumen überschatteten Terrasse des Bauernhof-Cafés. Bei Kaffee oder Limonade lassen sich leckere Gerichte verspeisen, zum Beispiel verschiedene Sorten Ziegenkäse aus der eigenen Käserei – mit denen auch die köstlichen Sandwichs belegt sind – oder hausgemachter Joghurt und Quark. Sogar das Eis wird hier aus Ziegenmilch hergestellt, ein besonderer Genuss.

- Geitenboerderij Ridammerhoeve, Nieuwe Meerlaan 4, 1182 DB Amsterdam
  www.geitenboerderij.nl
- ÖPNV: Bus 186, Haltestelle Amstelveen, Nieuwe Meerlaan,
  Bus 180, 186, 199, Haltestelle Gebouw 133

OPTILLEN AUB
LAAT DE EITJES
MAAR LIGGEN
MISSCHIEN WORDEN
'T WEL KUIKENTJES!

Amsterdamer Lokalkolorit

54 Der Albert Cuypmarkt

Mitten im hippen Stadtteil De Pijp liegt der Albert Cuypmarkt, der größte Markt Europas. Nirgendwo lassen sich der echte Amsterdamer Humor und die typische Amsterdamer „Gezelligheid" besser erleben als auf diesem Markt, der schon vor über hundert Jahren gegründet wurde, als De Pijp noch ein klassisches Arbeiterviertel war. Und natürlich kann man auf dem „Cuyp", wie die Stadtbewohner ihn liebevoll abkürzen, vortrefflich einkaufen. An 260 Ständen, die sich über einen Kilometer hinweg nebeneinander aufreihen, werden frisches Gemüse und Obst, leckerer Fisch, unzählige Blumen und Pflanzen, aber auch besondere Stoffe, hippe Kleidung, feine Lederwaren und besonderer Schmuck feilgeboten.

Eine Amsterdamer Institution ist der Stand „Echte Goudse Stroopwafels", an dem seit Generationen die typischen niederländischen Karamellwaffeln verkauft werden, warm aus dem Waffeleisen und mit Unmengen an flüssigem Sirup. Achtung, Kleckergefahr! Aber auch andere typische Köstlichkeiten wie der „Haring met augurk en zuur" (Matjes mit Gewürzgurken und rohen Zwiebeln) oder natürlich der golden duftende Käse schmecken auf dem Albert Cuypmarkt besonders gut. Benannt wurde er übrigens nach dem Landschaftsmaler Albert Cuyp.

TIPP

Der Markt ist täglich außer sonntags von neun bis siebzehn Uhr geöffnet.

Nicht außer Acht lassen sollte man die unzähligen Geschäfte hinter den Ständen und rund um den Markt, denn hier finden sich viele alteingesessene Floristen, niedliche Einrichtungsläden und ausgefallene Boutiquen. Wer sich über das bronzene Standbild in der Mitte des Marktes wundert: Hier haben die Amsterdamer ihrem Nationalhelden André Hazes ein Denkmal gesetzt. Der berühmteste Volkssänger der Niederlande wurde in De Pijp geboren und absolvierte seine ersten Auftritte auf dem Albert Cuypmarkt, wo er der Legende nach auch sein erstes Bierchen genoss. Apropos Bier: Die Heineken-Brauerei ist vom Albert Cuypmarkt nur wenige Gehminuten entfernt.

- Albert Cuypmarkt, Albert Cuypstraat, 1073 BD Amsterdam
www.albertcuyp-markt.amsterdam
- ÖPNV: Tram 4, Haltestelle Stadhouderskade, Tram 24, Haltestelle Marie Heinekenplein

EERSTE VAN DER HELST
STRAAT
Vishandel Siem Schilder & Z
Red Snapper
Roodbaars
Snoekbaars

Ort für einen Heiratsantrag

55

Unter sieben Brücken musst du fahren

Vollkommen zu Recht sind die „seven bruggen“, die „Sieben Brücken“, eines der meistfotografierten Motive Amsterdams. Ist man mit einer Grachtenfahrt unterwegs, so kommt man hier sicher vorbei und schaut von der nördlicher gelegenen Herengracht unter den Brückenwölbungen hindurch. Nur vom Wasser aus kann man nämlich alle sieben Brücken hintereinander sehen. Steht man hingegen auf einer der Brücken, dann passt der Winkel nicht und die volle Pracht bleibt einem verborgen. Kein Wunder also, dass sich an den Enden der Reguliersgracht, über die sich die Brücken schwingen, immer ein kleiner Bootsstau bildet, denn der Blick auf die Brückenreihe ist ein kleines Highlight jeder Grachtenfahrt. Meist ist der Moment des Genießens dieser architektonischen Besonderheit deshalb nicht von langer Dauer. Schnell muss das Foto geknipst werden, denn oft warten vor und hinter einem schon die nächsten Boote mit drängelnden Fotofans, die gerne auch ein Bild von diesem zauberhaften Ort schießen wollen.

TIPP
Von der Ecke Reguliersgracht/Herengracht aus sieht man insgesamt 15 Brücken gleichzeitig!

Empfehlenswert ist daher, am Abend mit dem eigenen gemieteten Boot, oder mit einer Abendfahrt, zurückzukommen. Am stimmungsvollsten sind die sieben Brücken nämlich, wenn sich der Tag langsam legt (dann ist es auch auf den Grachten ganz ruhig) und die Glühbirnen, die die Brückenbögen verzieren, um die Wette strahlen. Golden leuchten sie. So golden wie das „Goldene Zeitalter“. Daran soll die Farbe bewusst erinnern. Eine reiche, prunkvolle Zeit im 17. Jahrhundert, in der diese Brücken und auch der Großteil des Grachtengürtels entstanden sind.

Ja, und wenn man dann schon mal hier ist, unter den Brücken durchschippernd, um einen herum die glitzernden Reflexionen, die wie Sterne im Wasser tanzen, die weiche Brise im Gesicht und Haar, dann kann man seinem liebsten Menschen auch gleich einen Heiratsantrag machen. Denn dies ist wahrscheinlich einer der schönsten und romantischsten Orte der Welt.

- Aussichtspunkt Herrengracht 563, 1017 CS Amsterdam
- ÖPNV: Tram 4, 14, Bus 285, 287, Haltestelle Rembrandtplein, Tram 24, Bus 282, 283, Haltestelle Muntplein

ANNO
1722

Eine ästhetische Wohltat

56 Der Einrichtungsladen „De Weldaad“

Wer besondere Einrichtungsgegenstände und ausgesuchte Wohntextilien liebt, der sollte unter keinen Umständen „De Weldaad“ betreten. Denn wie wir aus eigener Erfahrung wissen, kann ein Besuch dieses Geschäfts ein großes Loch in die Reisekasse reißen.

In einer alten Garage direkt an der Noorderkerk hat die „Weldaad“-Gründerin Mirjam Verheijke ein verwunschenes Universum geschaffen, das Interior-Fans den Atem verschlägt. Ein perfekter Mix zwischen Shabby-Chic, Landhausstil und Bohemian: Alle Möbel, Pflanzen und Objekte in der „Weldaad“ sind so geschmackvoll zusammengestellt und angeordnet, dass man am liebsten ganze Ausstellungsflächen ins eigene Wohnzimmer schaffen würde. Kein Wunder: Als ehemalige Inhaberin eines Blumengeschäfts hat Mirjam ein Auge für überwältigende Arrangements und die vielen kleinen Details, die das Einkaufen in „De Weldaad“ so besonders machen. Nicht ohne Grund dient „De Weldaad“ häufig als Fotokulisse für eine der vielen tollen Innendesign-Zeitschriften, die in den Niederlanden herausgegeben werden.

TIPP
Alle angebotenen Waren werden auf Anfrage auch nach Deutschland verschickt.

Die meisten der Vintage-Möbel, die man in der „Weldaad“ erstehen kann, finden Mirjam und ihre Kollegen auf ihren Entdeckungsreisen in Ungarn und Indien. In der eigenen Werkstatt werden sie mit Liebe und Sorgfalt aufgehübscht und anschließend zu moderaten Preisen an den Mann oder – wohl deutlich häufiger – an die Frau gebracht. Um ihre Kunden glücklich zu machen, gehen die Mitarbeiter erfrischend pragmatisch vor: Bewaffnet mit Seilen und Sackkarren sind sie mit uns schon durch den halben Jordaan gelaufen, damit ein Schrank und ein Regal sofort ihr neues Zuhause beziehen konnten. Dort angekommen, wurden noch geschwind die besten Einrichtungstipps verraten, und zurück ging es mit der Sackkarre ins Geschäft, wo die nächsten Kunden warteten.

Als „De Weldaad“ gegründet wurde, drehte sich noch alles um schöne, alte Möbelschätze. Heute bietet der Laden auch selbst entworfene Textilien wie Teppiche und Kissen an.

- De Weldaad, Noordermarkt 35, 1015 NA Amsterdam
  www.weldaad.com
- ÖPNV: Tram 3, Bus 18, 21, Haltestelle NW. Willemsstraat

Alte Zeiten tragen

57 Shoppen im Vintageparadies um den Waterlooplein

Amsterdam ist ein wahres Mekka für Liebhaber ausgefallener Vintagekleidung. Hier finden sich zahlreiche Secondhandläden mit unterschiedlichen Konzepten. In manchen Geschäften arbeitet man sich durch metertiefe Wühltische und es ist es egal, was man auf den Tresen packt, bezahlt wird einfach nach Kilopreis. Andere Läden sind akribisch sortiert.

Der Waterlooplein im Jüdischen Viertel ist vor allem für seinen riesigen Flohmarkt bekannt, der täglich außer sonntags von 9.30 bis 17.30 Uhr Besucher anlockt. In der Nähe des quirligen Platzes haben sich Amsterdams größte Vintagegeschäfte angesiedelt: Zunächst wäre da der „Candy Store" östlich des Waterloopleins – im wahrsten Sinne des Wortes ein Zuckerl für Streetwear-Liebhaber. Aber nicht nur Freunde der 90er-Jahre-Mode kommen hier auf ihre Kosten. Unter den zahlreichen besonderen Kleidungsstücken von verschiedenen Sportmarken wie Nike, Adidas, Fila und Reebok verstecken sich auch Marken von Moncler über Burberry bis Dior. Kunterbunt geht es auch gleich ums Eck beim „Kiloshop" zu, einem Traditionsgeschäft unter den Vintageläden. Mode und Accessoires aus den 80er- und 90er-Jahren werden hier einfach abgewogen. Es folgt das „Treasures Amsterdam", wo es stapelweise Schätze gibt: modische Kleider, Trenchcoats, Hüte, Schuhe und verrückte Accessoires. Zu guter Letzt, direkt an der Gracht, eine „Episode"-Filiale. Hier wird man auf jeden Fall fündig, denn die Auswahl ist wirklich immens. Darum sind die Episode-Vintageläden auch Amsterdams bekannteste kleine Secondhandladen-Kette mit gleich vier Standorten. Hier gibt es einfach alles, von Retro-Shirts über Kleidungsstücke aus verschiedenen Jahrzehnten bis hin zu Yeti-Jacken.

Wer in den vier Vintageläden um den Waterlooplein doch nicht fündig wurde, schlendert einfach über den ältesten Flohmarkt der Welt, der draußen auf dem Platz auf einen wartet. Spätestens hier findet man dann die gesuchte 70er-Jahre-Latzhose oder sein quietschbuntes Vintage-Hawaiihemd.

- Waterlooplein-Flohmarkt mit Vintageläden, Waterlooplein, 1011 NZ Amsterdam, https://waterlooplein.amsterdam
- ÖPNV: Tram 14, Bus 246, Haltestelle Waterlooplein

Derby

Eine Ode an die Kunst

58

Verwaiste Kunst in der besonderen Galerie „Oode“

Die kleine Galerie „Oode“ ist, wie der Name schon erahnen lässt, eine wahre Ode an die Kunst, denn hinter dem Konzept der Galerie verbirgt sich eine besondere Mission: „verwaiste Kunst“ wieder unter die Menschen zu bringen. Marleen Kurvers hat „Oode“ 2014 gegründet und damit die erste Galerie in den Niederlanden, die diese verwaiste Kunst ausstellt und verkauft. Die Kunst stammt zum Beispiel aus einer Sammlung der Gemeinde Utrecht, dem Sikkens-Museum, der Gemeinde Oss und der Gemeinde Rotterdam. Die Kunstgegenstände landen nach der Schließung dieser Museen und Institutionen in Depots. Auf diese Weise geht ein großer Teil des niederländischen Kunsterbes verloren. Diese oft auch vergessenen Kunstobjekte nennt man verwaiste Kunst. Im Dunklen lagert sie dort, und niemand kann sich an ihr erfreuen. Marleen möchte dies ändern. Zusammen mit einer Stiftung kauft sie diese Objekte auf und verkauft sie in ihrer Galerie wieder günstig weiter. Sehr günstig sogar. Manche Stücke gibt es ab 20 Euro, vieles kostet um die 80 Euro, und das obere Ende bilden die wenigen Kunstwerke um 500 Euro.

Marleen wünscht sich, dass so viele Werke wie möglich wieder an den Wänden kunstbegeisterter Menschen hängen und ein neues Leben erhalten. Deshalb kauft man die schönen Funde auch nicht nur, sondern eigentlich adoptiert man sie. Denn bei jedem Kauf muss man auch ein Adoptionsformular ausfüllen und sich damit verpflichten, die erstandenen Objekte niemals wegzuwerfen oder zu vernichten. Wenn sie einem irgendwann einmal nicht mehr gefallen, dann, so verspricht man, wird man sie weitergeben, verschenken, tauschen, verkaufen, aber auf keinen Fall dürfen sie wieder in irgendwelchen Kellern oder Depots landen.

Die meisten verwaisten Kunstwerke sind sehr abstrakter Natur: wilde Farben mit exzentrischen Formen. Da „Oode“ auch die Unterstützung junger niederländischer Künstler und Designer sehr wichtig ist, findet sich auch viel zeitgenössisches, teils sehr avantgardistisches Design in der Galerie, das sich wunderbar mit der verwaisten Kunst mischt.

TIPP

Die Galerie „Oode“ ist geöffnet an Freitagen, Samstagen und auf Anfrage.

- Oode, Singel 159A, 1012 VK Amsterdam
  www.oode.nl
- ÖPNV: Tram 2, 11, 12, 13, 17, Bus 282, 283, 384, Haltestelle Dam

Das Wahrzeichen der Liebe

59 Küsse auf der Mageren Brücke

So mager sieht sie gar nicht aus, die wunderschöne Zugbrücke aus dem 17. Jahrhundert. Je näher man ihr kommt, desto mehr wird man ihren Namen „Magere Brug" infrage stellen. Diesen hat Amsterdams bekannteste Brücke allerdings aus Zeiten, in denen sie tatsächlich noch sehr dünn und mager war. Die heutige Brücke ist nämlich nicht die ursprüngliche. Früher war die Fußgängerbrücke so schmal, dass sich die Menschen auf ihr kaum aneinander vorbeidrücken konnten. Mehrmals wurde sie erneuert und renoviert, und später hat man sie dann breiter gemacht, sodass die Fahrradfahrer sie auch nutzen konnten.
Das ist auch gut so, denn wäre die Brücke noch immer sehr schmal, dann käme man allzu oft gar nicht an den sich küssenden Paaren vorbei. Küssende Paare? Ja, richtig gehört, denn die Brücke ist ein wahrer Turteltäubchenmagnet. Sie ist das Amsterdamer Sinnbild der Liebe und Romantik. Nach einer Sage ist die Liebe nämlich für immer versiegelt, wenn man sich auf der Mageren Brücke küsst.
Die Brücke wurde einst von einem reichen Kaufmann gebaut, dessen zwei Töchter in Familien auf der jeweils anderen Seite der Amstel einheirateten. Der Fluss trennte die sich liebenden Schwestern, der Weg zur nächsten Brücke war weit, und die beiden sahen sich kaum noch. Deshalb ließ der gute Vater eine Brücke bauen, die die einsamen jungen Frauen wieder verband und ermöglichte, dass die beiden Schwestern sich so oft sehen konnten, wie sie wünschten. Und weil sich die beiden auf der Mitte der Brücke eine Umarmung und ein Küsschen gaben, ist dieses Ritual, das Küssen auf der Brückenmitte, zum Symbol der Liebe geworden.
Anfangs stand die Brücke vor allem für die Geschwisterliebe, heute jedoch gibt es hier für jeden einen Grund, ein paar Schmatzer auszutauschen, denn die Magere Brücke ist mittlerweile ganz universell das Sinnbild der unendlichen Liebe geworden, zwischen wem auch immer. Um die Hand des oder der Liebsten sollte also unbedingt hier angehalten werden – und das am besten abends, denn dann leuchten 1200 Lichtlein an der Brücke, und es könnte nicht romantischer sein!

- Magere Brug, 1018 EG Amsterdam
- ÖPNV: Tram 4, 14, Bus 285, Haltestelle Prinsengracht, Tram 1, 7, 19, Haltestelle Weesperplein, Bus 287, 289, 291, 293, Haltestelle Waterlooplein

Italienische Schmankerl

60 Herzlich speisen im „Pane e Olio“

Ja, es fehlt das Auge für die vollendete, abgestimmte Inneneinrichtung, und der Boden könnte mal wieder neu lackiert werden. Aber genau weil das kleine italienische Restaurant „Pane e Olio“ nicht perfekt ist, schließt es jeder sofort ins Herz. Hier wird sich nämlich auf das Wesentliche konzentriert: auf bodenständiges, wirklich sehr, sehr gutes italienisches Essen in ungezwungener Atmosphäre. Das Menü wechselt jeden Tag. Es gibt, was man in der Vitrine sieht oder was auf der Tafel angepriesen wird: selbst gewalkte Nudeln mit bester, handgemachter Pastasoße, von feuriger Arrabiata- bis Trüffelchampignonsoße mit geraspeltem frischen Parmesan drüber, immer traditionell hergestellt. Fabio und Paolo, die Besitzer des kleinen Essensparadieses, sind durch ihre liebenswert-chaotische Art selbst ein Erlebnis. Die beiden kredenzen jeden Tag einfach, nach was ihnen ist, und das schmeckt man! Auch Salate, wie Burrata-, Capresesalat oder gemischten Salat bereiten sie mit Zutaten frisch geliefert aus Italien gerne zu.

Alle, die jedoch lieber schnell was auf die Hand möchten, wenn das Sightseeing nicht zu lange unterbrochen werden darf, nehmen sich ein belegtes Focaccia-Brot, einen gefüllten Tramezzini-Toast, ein leckeres Panini oder ein Stück traditionelle Blech-Pizza mit. Und schon kann es weitergehen im Programm.

Oder aber man setzt sich doch kurz, und spätestens wenn man die von Paolo nach dem Rezept der Großmutter mit Liebe hergestellten, nach Mandel duftenden Cantuccini genießt, weiß man, dass hier im „Pane e Olio“ der Cantuccini-Himmel auf Erden liegt. Normalerweise beißt man sich an dem traditionellen, harten Mandelgebäck die Plomben aus, daher tunkt man das Gebäck meist vorsorglich in den Kaffee. Nicht so Paolos köstliche Cantuccini. Außen knusprig, innen ganz weich und meist auch noch ganz warm sind sie bei ihm, denn sie kommen jeden Tag frisch aus dem Ofen. Und wer sich das Tunken in den Kaffee doch nicht nehmen lassen will, der kann hier einen echten italienischen, starken Espresso oder Kaffee dazu bestellen.

TIPP

An kaum einem anderen Ort der Innenstadt kann man so günstig und gut essen. Perfekt fürs Mittagessen, da abends geschlossen.

● Pane e Olio, Oude Leliestraat, 1016 BD Amsterdam
www.paneeolio.nl
● ÖPNV: Tram 2, 11, 12, 13, 17, Bus 282, 283, 384, Haltestelle Dam

Originale
Italiano
TRUCILLO
Pane e Olio
Delicatessen
Traiteur
Wi Fi
Italian Salad
-burrata
-Caprese
-Vegan
-mix Italian
Italian Coffee!!
-Espresso €1,90
-Cappuccino €2,30
Caffè latte €2,70
hot chocolate €3,50
Espresso
Cappuccino
Caffè latte
hot chocolate
Americano

Wundervolles Restaurant

61 Lloyd Hotel: Speisen auf einer verlassenen Insel

Wenn die Sonne langsam am Horizont verschwindet und die Lichter der Stadt auf der anderen Seite des Wassers zu glitzern beginnen, entfaltet sich die ganze Pracht einer der schönsten Aussichten Amsterdams, die Aussicht vom Vuurtoreneiland.

Vuurtoreneiland – eine verlassene Insel mit langem Dünengras, zerklüfteter Landschaft, einem heruntergekommenen Militärstützpunkt und einem rostigen Leuchtturm – wartet mit einem der gemütlichsten und stimmungsvollsten Restaurants der Stadt auf. Wer hier einen Tisch reserviert, dem wird ein außergewöhnlicher, fast schon abenteuerlicher Abend beschert. Das Inselerlebnis beginnt am Lloyd Hotel, von wo aus es mit dem Boot, der historischen „IJveer XIII", über den IJ-Kanal vorbei an den Oranjeschleusen ins Markermeer zum Vuurtoreneiland geht. Von Weitem schon kann man den alten Leuchtturm, den Vuurtoren im Niederländischen, der der Insel ihren Namen gibt, erkennen. Eine Stunde ist man unterwegs, ehe man das Restaurant erreicht, und trotzdem ist man noch in Amsterdam.

Im Sommer speist man im Sommerrestaurant, das einem modernen Gewächshaus gleicht. Im transparenten Glashaus ist man vor Wind und Regen geschützt und sitzt trotzdem inmitten der Natur. Das Vuurtoreneiland-Restaurant ist aber auch im Winter geöffnet. Dann wird die alte Festung genutzt. Das Fort besteht aus mehreren kleinen Räumen, die durch einen offenen Kamin gewärmt werden. Heimelig wird es dann, wenn das Feuer knistert und man in Decken gehüllt an seinem mit Kerzenlicht beleuchteten Tisch sitzt.

Serviert wird ein ausgedehntes, fünfgängiges Table-d'hôte-Menü mit saisonalen Produkten von lokalen Lieferanten. Alle Gerichte werden im Holzofen oder am offenen Feuer direkt neben dem Glashaus bzw. Fort zubereitet. „Essen mit Charakter und einer besonderen Geschichte" ist das Motto des Vuurtoreneiland-Genusserlebnisses, und diese Devise wird vorzüglich durch das rauchige Aroma der Speisen abgerundet.

● Lloyd Hotel, Oostelijke Handelskade 34, 1019 BN Amsterdam
www.vuurtoreneiland.nl

● ÖPNV: Tram 7, Bus 48, 65, 246, 289, Haltestelle C. van Eesterenlaan, Tram 26, Haltestelle Rietlandpark

Dutch Design aus Amsterdam

62 *Der Möbelladen „KILO“*

Die Niederländer sind Design-Liebhaber, und der neueste Trend sind „Flatpack-Möbel“. Das sind Einrichtungsstücke, die ohne Schrauben, Nägel oder Kleber hergestellt werden, deren Einzelteile in ein flaches Paket passen und die sich zu Hause leicht zusammensetzen lassen. Neugierig geworden? Dann nichts wie ab zu „KILO“ auf der Westerstraat, einem Laden, dessen Betreiber ausschließlich Flatpack-Möbel anbieten und in der eigenen Werkstatt selbst herstellen. Die Möbelladen „KILO“ wurde von den Jugendfreunden Peter Smit und Jan Paul Koning gegründet; Smit hat früher in der Modeindustrie gearbeitet, Koning in der Architektur.

Um eine Antwort auf die heutige Einwegkultur zu geben, entwickelt das Duo hochwertige Möbel, die ein Leben lang halten sollen. Daher auch der Name: „KILO“ bezieht sich auf die schweren, robusten Möbel, die von Generation zu Generation weitergegeben werden können. Mit den Selbstaufbaumöbeln von IKEA, die sich nach einem Mal Abbauen kaum mehr zusammensetzen lassen, hat das „KILO“-Konzept also nicht viel zu tun.

TIPP

Die „KILO“-Möbel können auch online im Webshop bestellt werden.

Das Besondere der „KILO“-Möbel besteht nicht nur darin, dass sie ohne Schrauben, Kleber und Nägel auskommen und daheim einfach zusammengesteckt werden: Kunden wählen und kombinieren Design und Farbe ihres künftigen Möbelstücks direkt vor Ort und können dann zuschauen, wie ihr ganz persönliches Möbelstück in der ladeneigenen Werkstatt von einer speziellen Maschine ausgesägt und von Hand fertiggestellt wird. Auf diese Weise erlebt man die Geburt des eigenen Möbels hautnah und kann sein Baby sofort mit nach Hause nehmen – ein ganz besonderes Gefühl, sein Regal zu Hause an der Wand stehen zu sehen und zu wissen: Ich war dabei!

Alle Möbel bei „KILO“ sind aus Birkenholz gefertigt und mit Hochdrucklaminat überzogen, auch das eine Reminiszenz an minimalistisches Wohnen und ein Statement gegen Designexzesse. Für Maßanfertigungen sind die Möbelstücke bei „KILO“ vergleichsweise günstig, die Preise gehen bei ca. 100 Euro los.

● KILO, Westerstraat 72HS, 1015 ML Amsterdam
www.kilo.amsterdam
● ÖPNV: Tram 3, 5, Bus 18, 21, 288, Haltestelle Marnixplein

KILO
KILO
Furniture

Eine Auszeit am Meer

63 Der Strandort Zandvoort

Wer sich in den malerischen Grachten Amsterdams verliert, vergisst leicht, dass die Stadt nur wenige Kilometer entfernt von der Nordsee liegt. Selbstverständlich macht schon Amsterdam alleine rundum glücklich, aber der Geruch frischer Seeluft, während einem eine leichte Meerbrise über die Haut streicht, erhöht das persönliche Glücksgefühl noch einmal deutlich. Deswegen sei jedem Amsterdam-Besucher ein Ausflug an einen der typischen, endlosen Sandstrände der Niederlande ans Herz gelegt.

Als ihren „Stadtstrand“ bezeichnen die Amsterdamer das nahe gelegene Zandvoort. Gerade in den Sommermonaten schlängeln sich die Ausflüglerautos dicht an dicht über die Straßen nach Zandvoort oder ins benachbarte Bloemendaal. Dabei geht es auch viel stressfreier: Vom Amsterdamer Hauptbahnhof fährt mehrere Male pro Stunde ein Zug; die Fahrt dauert dreißig Minuten, und der Bahnhof in Zandvoort ist gerade einmal zwei Gehminuten vom Strand entfernt.

Dort angekommen, bieten sich unzählige Möglichkeiten der glücklich machenden Naherholung. Bei gutem Wetter der Klassiker: eine Runde im Wasser schwimmen, dann ab aufs Handtuch oder die Strandliege und das quirlige Treiben um sich herum genießen. Kinder freuen sich über den großen Spielplatz direkt auf dem Strand. Bewegungsfreudigen Besuchern empfehlen wir einen Strandspaziergang ins vierzig Minuten entfernte Bloemendaal aan Zee; wenn die Puste nicht mehr für den Rückweg reicht, fahren von hier aus Busse nach Amsterdam.

Ganz egal, wie man seinen Tag in Zandvoort verbracht hat: Das Einkehren in einen der unzähligen „Strandpavillons“, typisch für das niederländische Strandleben, ist ein Muss. Wir empfehlen den authentisch maritim eingerichteten Strandpavillon „Thallassa“, aber besuchen auch sehr gerne den „Beachclub 5“ oder den „Hippie Fish“ mit seinem stylischen Design und den leckeren Gerichten. Geht dann die Sonne über dem Meer unter und die Ruhe des Abends stellt sich ein, beschert einem der Tag am Meer das perfekte Glücksgefühl.

- Hippie Fish, Boulevard Paulus Loot 3, 2042 AD Zandvoort
  www.hippiefish.nl
- ÖPNV: Sprinter nach Zandvoort aan Zee von Amsterdam Centraal nach Zandvoort, Station

Im Gebäckhimmel

64 Zuckersüßes bei „My little Patisserie"

Leicht bepuderte, duftende Madeleines, luftige Eclairs gefüllt mit Madagaskarvanillecrème und mit leichtem, glänzendem Zuckerguss lasiert, mit Sahnecrème gefüllte Mille-Feuilles aus feinem Blätterteig und oben drauf Pistaziensplitter mit einer knallroten Himbeere zur Verzierung, kleine, süße Pudding-Tartes mit Zitronen-Eischaum, Croissants mit zarten Mandelblättchen, weiche Chouquettes mit Hagelzucker, mit hellrosa Zuckerguss lasierte Petit Fours mit Früchtchen, Vanillecrème und Schokoladenschaum gefüllt, edel verziert mit goldener Zuckerperle … Ach, so traumhaft ist die Auswahl in Audreys kleiner französischen Patisserie! Wer sich bei all den wunderschönen Kreationen nicht entscheiden kann, der nimmt am besten gleich ein paar der zuckersüßen Kunstwerke mit, denn zum Glück sind die meisten nicht allzu groß.
Audrey hat ihre Backstube direkt hinter der Theke. Das ganze Café duftet also wunderbar, wenn sie mal wieder ein Blech in den Ofen geschoben hat. So kann man der jungen Unternehmerin beim Backen über die Schultern schauen und sich von ihrer Passion inspirieren lassen. Wem das nicht genug ist und wer gerne selbst so schöne Gebäckkunstwerke kreieren möchte, der kann an Audreys Backkurs teilnehmen. Einen Nachmittag lang wird gebacken, was das Zeug hält. Der private Backkurs ist auch spontan buchbar und in englischer Sprache – ideal also für Amsterdambesucher, die Lust auf etwas Besonderes haben.
„My little Patisserie" befindet sich im Herzen des Pijp-Viertels. Umgeben von guten Shoppingmöglichkeiten ist das Café herrlich gelegen, um einen kurzen Kaffee- und Kuchenstopp zu machen, bevor es weiter in die individuellen Geschäfte der Umgebung geht. Die kleinen Tische draußen vor dem Café laden nämlich so schön ein, das bunte Treiben des Stadtteils zu beobachten und dort mit einem Törtchen auf dem Teller zu verweilen, und mit noch einem Törtchen und noch einem und noch einem. So wünscht man ihn sich doch, den perfekten Urlaubstag in der Pijp Amsterdams!

- My Little Patisserie, Eerste van der Helststraat 63 HS, 1073 AD Amsterdam
www.my-little-patisserie.com
- ÖPNV: Tram 3, 12, 14, Haltestelle De Pijp

MY LITTLE PATISSERIE
MY LITTLE PATISSERIE

Ein grünes Geheimnis

65 Die Open Tuinen Dagen und das Museum Van Loon

Wer Luftaufnahmen des Amsterdamer Grachtengürtels sieht, wundert sich, warum die Innenstadt von oben so grün aussieht. Aus der Vogelperspektive betrachtet, lüftet die Stadt eines ihrer bestgehüteten Geheimnisse: Hinter den meist recht schmalen Kaufmannshäusern der Heren-, Keizers- und Prinsengracht verbergen sich wundervolle Gartenanlagen ungeahnter Dimensionen. Einmal im Jahr, an einem Wochenende im Juni, öffnen rund 30 dieser Häuser unter dem Motto „Open Tuinen Dagen" („Offene Gartentage") ihre Pforten und lassen den Besucher eintreten in eine verwunschene Wunderwelt hinter den oft einheitlich wirkenden Fassaden. Akkurat gestutzte Buchsbaumkunstwerke, sprudelnde Brunnen, riesige, uralte Bäume – das Herz eines jeden Gartenliebhabers schlägt automatisch schneller, wenn er die Gärten der häufig wohlhabenden Hauseigentümer betritt. Nicht selten lässt sich auf dem Weg durch die privaten Wohnräume das ein oder andere besondere Kunstwerk an der Wohnzimmerwand bestaunen.

Dass der Wohlstand eines Grachtenhausbesitzers von außen nicht auf Anhieb zu erkennen ist, hat mit dem calvinistischen Glauben zu tun, der tief in der niederländischen Kultur verwurzelt ist. Stärker noch als heute galt zur Zeit des Grachtenbaus: „Doe maar gewoon" – verhalte dich bitte normal. Wer in den Niederlanden so tut, als sei er etwas Besseres, erregt noch heute schnell das Misstrauen seiner Mitbürger. So erklären sich auch die großen, offenen Fenster: Man hat nichts zu verbergen. Zumindest auf den ersten Blick – denn je weiter man durch die schmalen Kaufmannshäuser schreitet, desto klarer wird, dass auch diese Herren irgendwo mit ihrem vielen Geld hinmussten, das sie im Goldenen Zeitalter der Niederlande verdient haben. Zum Beispiel in den Garten.

Wer nicht im Juni da ist und trotzdem einen der prächtigen Grachtenhausgärten bestaunen möchte, dem empfehlen wir einen Besuch im Museum Van Loon.

- Museum Van Loon, Keizersgracht 672, 1017 ET Amsterdam
www.museumvanloon.nl
- ÖPNV: Tram 24, Bus 282, 283, Haltestelle Muntplein

Wenn Fische bellen

66

Das Café „De Blaffende Vis“

Wahre Glücksorte für Amsterdamer sind ihre „Braunen Cafés“. Hier trinken sie tagsüber ihren „Koffie verkeerd“ (Milchkaffee) und am Abend ihr „Biertje“. Die heimeligen Nachbarschaftscafés sind über die ganze Stadt verstreut und sorgen mit ihrer urigen Atmosphäre für ein Gefühl gemütlicher Geselligkeit und Geborgenheit. Ihren Namen verdanken die braunen Cafés vor allem der großzügigen Verwendung von dunklem Holz bei der Inneneinrichtung.

Eine echte Institution unter den braunen Cafés ist der „Blaffende Vis“ („bellender Fisch“) auf der Westerstraat mitten im legendären Jordaan-Viertel. Die Gäste werden von sympathischen Studenten bedient, die immer für ein Schwätzchen zu haben sind, während die Musikanlage unablässig Hits aus den 70er- bis 90er-Jahren spielt, sodass jeder Besucher schon am frühen Morgen in ausgezeichnete Laune versetzt wird. Das könnte allerdings auch am Essen liegen: Tagsüber wird hier einer der besten „Uitsmijter“ der Stadt serviert, eine Art Strammer Max, und abends stehen auf der Tageskarte einfache, sehr leckere und vor allem bezahlbare Gerichte. Manche Gäste sagen, die Spare Ribs des Blaffenden Vis seien die besten der Stadt.

Morgens sitzen Künstler, Studenten und waschechte „Jordanesen“ – die Urbewohner des ehemaligen Arbeiterviertels – beisammen und beobachten das Treiben auf der Westerstraat. Besonders am Montagvormittag ist das Café gut besetzt, wenn direkt vor der Tür der „Lapjesmarkt“ stattfindet, auf dem man Stoffe, Taschen und Kleidung kaufen kann. Vor allem an den Wochenenden platzt der Blaffende Vis auch abends aus allen Nähten, wenn die Musik aufgedreht wird und ein Biertje nach dem anderen aus dem Zapfhahn fließt.

Landesweit berühmt geworden ist der Blaffende Vis, weil jedes Jahr in der Koningsnacht, der Nacht vor dem Geburtstag des Königs, eine riesige Bildmontage auf der Fassade enthüllt wird. Darauf zu sehen sind die Mitglieder des Königshauses, verwandelt in Film- oder Musikstars. Die Motive der letzten Jahre können im unteren Teil des Cafés bewundert werden.

TIPP

In den braunen Cafés zum Bier auch unbedingt die landestypischen „Bitterballen“ probieren.

- Café De Blaffende Vis, Westerstraat 118, 1015 MN Amsterdam
- ÖPNV: Tram 3, 5, Bus 18, 21, Haltestelle Marnixplein

Wijn: Rood / Wit / Rosé
glas
3,80
fles
21,00
Amstel Radler
4,80
Oedipus
Heineken Bier

Bilderbuchamsterdam

67 In den Hinterhöfen des Jordaans

Kein Amsterdamer Stadtteil verzaubert so sehr wie der Jordaan. Die kleinen schiefen Häuschen, schmalen Kanäle und Straßen mit den vielen Restaurants und Cafés machen es durch und durch zum pittoreskesten Viertel der Grachtenstadt. Hier ist es, das Bilderbuchamsterdam, das man von den Postkartenmotiven kennt.

Der Jordaan begeistert aber nicht nur mit dem Offensichtlichen, sondern auch mit dem Verborgenen. Hinter den jahrhundertealten Gemäuern liegen nämlich wunderschöne Gärten und Hinterhöfe, die dem Stadtviertel auch seinen Namen geben. Dieser kommt nämlich sehr wahrscheinlich vom französischen Wort *jardin*, Garten. Wer Amsterdam also von einer sehr besonderen Seite kennenlernen möchte, der muss unbedingt die Hinterhöfe des Jordaans besuchen.

So einfach zu finden sind die meist geschlossenen, aber nicht abgeschlossenen Tore der Höfe allerdings nicht. Mit einem guten Auge und ein wenig Neugier wird man sie aber doch entdecken, und dann wartet hinter den oft schweren Eingangstoren ein Ort der angenehmen Stille. Hier kann man einfach mal durchatmen und die Geräusche der Stadt hinter sich lassen, in seinem Reiseführer blättern, den nächsten der 80 Glücksorte auswählen, den man besuchen möchte, und die Seele baumeln lassen. Damit diese Ruhe in den jahrhundertealten *hofjes,* wie sie im Niederländischen genannt werden, auch gewahrt wird, darf man diese nur zu maximal acht Personen betreten, sollte nicht laut sprechen und darf nicht telefonieren, denn die zu den Gärten gehörenden Wohnungen sind bewohnt.

Öffentlich zugängliche Höfchen, die eigentlich immer geöffnet sind, sind das Karthuizerhofje, Sint Andrieshofje, Claes Claeszhofje und das Van Brienenhofje. Letzteres ist der wohl am leichtesten zu findende Hinterhof: Von außen einem Kloster gleichend (es war auch mal eins), muss man nur nach dem kleinen Türmchen Ausschau halten. Gleich daneben rechts ist die Pforte.

- Der am leichtesten zu findende Hinterhof: Van Brienenhofje, Prinsengracht 89-133, 1015 DA Amsterdam
- ÖPNV: Tram 2, 11, 12, 13, 17, Bus 284, Haltestelle Nieuwezijds Kolk, Tram 3, 5, Bus 18, 21, 288, Haltestelle Marnixplein

Umgeben von Stadtlichtern

68 Eine Nacht im Schleusenwächterhäuschen

Oh, wie schläft es sich hier gut! Im eigenen kleinen Wohlfühl-Reich mitten im Wasser. Dem Trubel der Stadt so nah, und doch ganz ruhig liegen die idyllischen, zu gemütlichen Hotelzimmern umgebauten Brücken- und Schleusenwärterhäuschen in Amsterdams wunderschönen Grachten.

Vor hundert Jahren noch wurden die 58 Schleusen der Stadt aktiv genutzt, denn der Wasserstand der Grachten variierte stark. Wollte man mit dem Boot von der einen zur anderen Seite der Stadt fahren, so musste man meist vier bis fünf Brücken und Schleusen passieren, an denen der Schleusenwärter einen dann nach oben oder unten ließ. Dieser Prozess war aber für eine effiziente Handelsstadt wie Amsterdam eine viel zu langwierige Angelegenheit, und deshalb beschloss man, dass damit nun Schluss sei. Die Wasserhöhe aller Grachten ist heute auf demselben Niveau. Die Schleusen braucht niemand mehr. Sie stehen offen. Das Öffnen und Schließen der Brücken wird jetzt zentral gesteuert. So hatten auch die vielen Brücken- und Schleusenwärterhäuschen keinen Nutzen mehr. Langsam wurden sie abgerissen, sind zerfallen, oder die Tauben richteten ihren Schlag in den kleinen Wohn- und Arbeitsräumen ein.

Irgendwann aber entdeckte man den Charme und historischen Wert der kleinen Häuschen wieder. Waren sie doch so praktisch kompakt und so wunderbar am – teilweise sogar komplett im – Wasser gelegen. 28 der denkmalgeschützten Häuschen sind heute exklusive Hotelzimmer. Die wahrscheinlich außergewöhnlichsten der Stadt, denn man erreicht die meisten nur mit dem Boot (oder man schwimmt), wie die Amstelschutsluis mit Blick auf die Magere Brücke. Und wenn man nach einem erlebnisreichen Sightseeing-Tag bei einem Glas Wein in der Abendsonne auf die leuchtenden Grachtenhäuser ringsum schaut, sich die kleinen Wellen des Wassers in ein glitzerndes Meer aus Stadtlichtern verwandeln, die um das Schleusenhäuschen um die Wette funkeln, dann ist es pures Glück zu wissen: Man hat diesen Ort ganz für sich allein.

- Schönstes Schleusenhäuschen: Amstelschutsluis, Amstel 308I, 1017 AN Amsterdam, www.sweetshotel.amsterdam
- ÖPNV: Tram 4, Haltestelle Prinsengracht, Tram 1, 7, 19, Metro 51, 53, 54, Haltestelle Weesperplein

OPEN BOOT:
GEEN VERSTERKTE MUZIEK
art. 2.1.2 VOB

Der beste Kaffee der Stadt

69 Auf der Sonnenbank bei „Caffè il Momento“

Auf wohl kaum einer anderen Bank in Amsterdam sitzt man mit so einem großen Glücksgefühl wie auf den zwei schmalen Bänklein vor dem „Caffè il Momento“ an der Singelgracht. Für uns ist dieser Ort einer der schönsten Amsterdams. Fast täglich radeln wir hierher, um den besten Kaffee der Stadt zu genießen. Und wir sind nicht die Einzigen. Im Café begegnet man vielen bekannten Gesichtern, denn das „il Momento“ ist schon fast eine Institution.

Als die Brüder Hans und Pieter das damals noch unbekannte Café übernommen haben, „war das Eck hier lange nicht so gemütlich“, erzählt Hans, während er Kaffee mahlt und diesen in den Siebträger drückt. „Deshalb hatten wir ein Ziel: den kleinen Platz davor, auf der Torensluisbrug, zum nettesten Platz der Stadt zu machen.“ Und dann muss er lachen: „Na ja, und das ist uns auf jeden Fall gelungen, finden wir.“

Finden wir auch! Vom Café aus hat man eine wunderbare Sicht auf das bunte Treiben auf der Brücke vor einem. Oben thront die Statue Multatulis, des Begründers der Fair-Trade-Szene und Autors des laut der Gesellschaft für Niederländische Literatur wichtigsten Buches der Niederlanden Max Havelaar. Die Statue zieht zahlreiche Stadtführungsgruppen an, aber auch das zweitkleinste rote Häuschen mit dem rosengesäumten Eingang gleich rechts, ein paar Meter weiter.

Gekrönt wird die gute Aussicht von den die Nase kitzelnden Sonnenstrahlen. Denn wenn die Sonne scheint, und sei sie auch noch so schwach im nordischen Herbst, dann scheint sie hier mit all ihrer Kraft. Das Café liegt nämlich sehr windgeschützt, und weil die Brücke davor so breit ist, fallen keine Schatten auf die kleine Bankreihe, wie so oft in der Grachtenstadt. Wenn draußen aber gerade kein Platz mehr frei ist, dann kann man drinnen auf Barhockern direkt am Fenster sitzen – die perfekte Pole Position, denn die Aussicht ist die gleiche wie draußen. Weiter hinten im Café gibt es noch ein gemütliches Sitzeckchen: wunderbar zum Verweilen oder zum Liebesschwurflüstern.

TIPP

Im „il Momento“ gibt es allerlei Milchsorten zum Kaffee: von Kuh- über Soja-, Mandel-, Hafer- bis zu laktosefreier Milch.

● Caffè il Momento, Singel 180, 1015 AJ Amsterdam
www.caffeilmomento.nl

● ÖPNV: Tram 2, 11, 12, 13, 17, Bus 282, 283, 384, Haltestelle Dam

CAFFE
IL MOMENTO

Das besondere Filmerlebnis

70 Das Tuschinski-Theater

Denkt man heute an Kino, dann meist an die großen, modernen Multiplexbauten mit ihren unzähligen Filmsälen und lang gestreckten, chromglänzenden Popcorntheken.

Mitten im Herzen Amsterdams steht ein Kino, das diesem Trend eindrucksvoll die Stirn bietet: Das „Tuschinski-Theater" ist fast hundert Jahre alt und eine wahre Pilgerstätte für Cineasten. Schon die Fassade beeindruckt: Sie ist in einer Mischung aus Art Déco und Amsterdamer Schule gestaltet und mit allerlei Skulpturen und Lampen verziert. Zwei grün glasierte Türmchen strecken sich dem Himmel entgegen.

Auch hinter den Eingangstüren wird das Tuschinski-Theater seinem Ruf als eines der schönsten Kinos der Welt gerecht: Während der Architekt Heyman de Jong das äußere Erscheinungsbild verantwortete, wurden für die Inneneinrichtung eine ganze Reihe damals bekannter Künstler verpflichtet. Das Ergebnis ist ein einzigartiger, luxuriös-prachtvoller Stilmix, wie wir ihn noch nirgendwo sonst gesehen haben. Die filigranen Wand- und Deckenmalereien, die bunt gemusterten Teppiche, die kleinen Details wie Türbeschläge oder Armaturen und die Lampen mit ihren Seidenschirmen: Sie erzeugen ein so besonderes Gesamtbild aus Mustern und Farben, dass man im Tuschinski-Theater Stunden zubringen könnte, ohne einen einzigen Film angesehen zu haben.

Eine Filmvorführung besuchen sollte man aber auf jeden Fall, und sei es nur, um den berühmten Hauptsaal des Tuschinski-Theaters zu erleben. Sein Anblick ist einfach nur atemberaubend. Über den Kinostuhlreihen des rot-goldenen Innenraums erheben sich zwei Emporen, die Wände und Decken sind kunstvoll bemalt, alles strahlt die Glorie der Kinofilmgeschichte aus. Man versteht sofort, warum das Tuschinski seit Jahrzehnten die europäischen Premieren der James Bond-Filme beheimatet.

Um nicht nur gut auszusehen, sondern auch technisch auf dem neuesten Stand zu sein, wurde das Tuschinski-Theater Anfang der 2000er-Jahre umfassend restauriert und renoviert.

- Tuschinski-Theater, Reguliersbreestraat 26-34, 1017 CN Amsterdam
  www.pathe.nl/bioscoop/tuschinski
- ÖPNV: Tram 24, Bus 282, 283, Haltestelle Muntplein

THEATER TUSCHINSKI
PATHE

Purer Theatergenuss

71 Zu Besuch in der Amsterdamer Stadsschouwburg

Kaum öffnen sich die schweren roten Samtgardinen der Bühne der Stadsschouwburg, ziehen den Besucher moderner Tanz und Theater auf internationalem Topniveau in den Bann. Mehr als 600 verschiedene nationale und internationale Theater- und Tanzaufführungen werden hier im Amsterdamer Stadttheater am Leidseplein jährlich gezeigt. Bekannt ist das Stadttheater für seine regelmäßigen Tanz- und Theaterfestivals, wie das berühmte Hollandfestival, Burns, Julidans und das Nederlands Theater Festival, die das Tanz- und Theaterherz in höchsten Höhen schlagen lassen. Vor oder nach der Aufführung trifft man sich in der angesagten Brasserie im Foyer.
Früher befand sich das Stadttheater in der Keizersgracht. Nachdem es allerdings einige Male abbrannte, ist es auf den Leidseplein umgezogen. Über die Grenzen hinweg bekannt, besuchte selbst Napoleon das Theater während seines Besuchs in den Niederlanden 1811. Ursprünglich hatte die Stadsschouwburg eine große Anzahl von Eingängen: Für jeden Bevölkerungsstand gab es ein separates Foyer. Der Haupteingang in der Mitte, durch den heute jeder Besucher schreitet, war nur für das gehobene Publikum. Neben dem Künstlereingang gab es auch einen Eingang zur sogenannten Paardenbrug hin, einer Brücke, die im Theater mündete, sodass man Pferde auf die Bühne stellen konnte. Das war damals spektakulär und zog viele Besucher an. Deshalb gab es früher auch mehr Sitzplätze als heute: ganze 900 Plätze! Heute sind es 750, denn all die Plätze, von denen aus man die Bühne nicht sehen konnte, wurden weggenommen. Früher allerdings spielte dies keine Rolle. Man ging vielmehr ins Theater des „Sehen- und Gesehenwerdens" wegen. Ein Theaterbesuch war ein großes gesellschaftliches Ereignis. Daher wurde der Theatersaal auch in Hufeisenform angelegt. Dies sorgte dafür, dass das Publikum nicht nur die Bühne, sondern die Zuschauer auch einander sehen konnten. Am sichtbarsten war – und ist auch heute noch – die Königsfamilie, wenn sie denn mal vorbeikommt. Der mittige königliche Balkon ist nur für sie reserviert, wenn sie das Theater besuchen.

● Stadsschouwburg, Internationaal Theater, Leidseplein 26, 1017 PT Amsterdam
www.ita.nl
● ÖPNV: Tram 1, 2, 5, 7, 9, 11, 12, 19, Haltestelle Leidseplein

JULI DANS
JULIDANS
INTERNATIONAL FESTIVAL FOR CONTEMPORARY DANCE
2 – 14 JULY
TRUE LOVE
FESTIVALHART
TRUE LOVE

Hippe Stadtoase

72

Auf ein Bierchen beim „De Ceuvel"

Auf dem ehemaligen Werftgelände am Johan van Hasselt Kanal in Amsterdam Noord, gleich beim IJ-Kanal, ist er, der Nachhaltigkeitshimmel auf Erden. Eine sehr engagierte Gemeinschaft hat sich hier das Ziel gesetzt, eine regenerative Stadtoase zu schaffen. Die hier früher jahrzehntelang betriebene Werft hinterließ nämlich einen stark kontaminierten Boden. Unbewohnbar war das Gelände, gar gefährlich.

Wie sollte die Gemeinde Amsterdam damit umgehen? Sie entschied sich für ein einzigartiges urbanes Experiment. Das Grundstück wurde 2012 mit einem 10-jährigen Pachtvertrag an eine Gruppe kreativer Architekten übergeben, die aus dem verwahrlosten Stück Land etwas machen sollten. Keiner ahnte, dass dies der Startschuss eines mehrfach preisgekrönten Projekts werden sollte. De Ceuvel war geboren. Fantasievoll wurden hier alte Hausboote renoviert und zu Büros für Vereine, Nichtregierungsorganisationen, Start-ups, die sich der Nachhaltigkeit verschrieben haben, und kreative Arbeitsräume für Künstler umgestaltet. Die Anordnung der Boote ahmt einen kleinen Hafen nach. Auf einem Steg flaniert man entlang der Boote und wilden Pflanzenwuchses. Die Pflanzen sind Teil der Phytosanierungsanlagen, die den Boden reinigen.

TIPP

Für eine Übernachtung lassen sich private Hotelboote mieten!

De Ceuvel ist nicht nur ein „verbotener Garten", der sauberen Boden hinterlässt, sondern auch ein Spielplatz für nachhaltige Technologien. Das zieht viele neugierige Besucher an. Die kommen aber natürlich nicht nur wegen der vielen außergewöhnlichen Projekte, sondern vor allem wegen des angesagten Biergartens, der fast jeden Sommerabend ein nettes Kulturprogramm bietet. Hier sitzt es sich nämlich fantastisch. Direkt am Wasser (man kann also auch mit dem Boot kommen), umgeben von Schilf und Kunstwerken ist dies eine unglaublich hippe Stadtoase. Mit einem Bierchen oder Wein in der Hand, lässt sich der Abend wunderbar ausklingen. Und das Beste: Wenn die Sonne untergeht, dann hat man von der westlichen, breiten Uferpromenade eine atemberaubende Aussicht!

- Café de Ceuvel, Korte Papaverweg 4, 1032 KB Amsterdam
www.deceuvel.nl
- ÖPNV: Bus 394, 391, Haltestelle Mosplein, Metro 52, Haltestelle Noorderpark

CAFE DE CEUVEL

Das Herzstück des Ostens

73

Der Oosterpark

Der bekannteste Park in Amsterdam ist der Vondelpark – entsprechend überlaufen kann es dort bei schönem Wetter sein. Wer Ruhe und Entspannung in einer nicht minder schönen Parkanlage sucht, dem legen wir den Oosterpark im Osten der Stadt ans Herz. Dieser Park ist eine wahre Oase aus Grünflächen, Wasserläufen, Brunnen und Spielplätzen, angelegt vor über hundert Jahren im Stil des Englischen Landschaftsgartens. Regelmäßig finden dort Märkte und multikulturelle Events statt, und die für das Zentrum Amsterdams typischen Touristenströme sucht man dort – zum Glück – vergeblich.

Im Mittelpunkt des Oosterparks steht ein romantischer eisengeschmiedeter Musikpavillon, der an längst vergangene Zeiten erinnert. In den Sommermonaten finden dort an jedem Sonntagmittag die kostenlosen „Picknickkonzerte" statt. Auf der Picknickdecke leckere Kleinigkeiten genießen und der klassischen Musik lauschen: Das macht glücklich. Vor Konzertbeginn haben Kinder die Gelegenheit, verschiedene Instrumente auszuprobieren, um später vielleicht selbst einmal als Virtuose auf der Bühne zu stehen.

Wer seinen Kaffee nicht auf der Picknickdecke, sondern lieber auf einem Stuhl genießen möchte, läuft nur wenige Schritte zum Café des Tropenmuseums. Das atemberaubend schöne Gebäude zieht die Blicke aller Parkbesucher unweigerlich auf sich. Es gilt als einer der beeindruckendsten Museumsbauten der Niederlande, und allein die spektakuläre Eingangshalle des Museums verschlägt großen und kleinen Besuchern die Sprache. Für Liebhaber fremder Kulturen ist der Besuch im Tropenmuseum ein Muss: Es entführt seine Gäste mit einzigartigen Ausstellungsstücken in die faszinierenden Welten asiatischer und südamerikanischer Kulturgeschichte. Und reflektiert die Rolle der Niederlande als ehemals größte Handels- und Kolonialmacht der Welt: Durch zahllose Objekte, Briefe und Fotografien werden dem Besucher sowohl die Geschichte der kolonialisierten Völker als auch die der Kolonialherren anschaulich nähergebracht.

- Tropenmuseum, Linnaeusstraat 2, 1092 CK Amsterdam
  www.tropenmuseum.nl
- ÖPNV: Tram 1, 3, 19, Bus 37, 41, 245, 287, Haltestelle Linnaeusstraat

Der klingende Garten

74 Sommerliche Jazzabende im Hortus Botanicus

Für eine Oase der Ruhe und des Grüns muss man die Stadt nicht verlassen. Der Botanische Garten Amsterdam, der Hortus Botanicus, ist genau dieser Ort. Der bereits 1638 von der Amsterdamer Stadtverwaltung eingerichtete Garten war ursprünglich als Ausbildungsstätte für Apotheker und Ärzte gedacht. Es wurden bis zu 4000 Pflanzenarten aus aller Welt gesammelt. Heute kann jeder in die reiche Vielfalt von Mutter Natur eintauchen und einen Moment für sich selbst finden. Die vielen Bänke und kleinen Wiesen mitten im beruhigenden Pflanzenmeer laden zur spontanen Meditationssession ein – vor allem, wenn man den arbeits- oder auch sightseeingreichen Tag in Ruhe und Entspannung ausklingen lassen möchte. Im Sommer, also im Juni, Juli und August, geht das an Donnerstagen und Sonntagen sogar bis 21 Uhr. Die Tage sind dann im relativ nördlich gelegenen Amsterdam lang und man fühlt sich im abendlichen, goldenen Licht unter dem jahrhundertealten Palmenhain im Palmenhaus wie auf einer mediterranen Insel.

TIPP
Yoga und Speed-Dating im Hortus sind sehr beliebt, darum vorher online ein Ticket buchen!

Wer beim Meditieren nicht allein sein und den Moment noch etwas sportlich unterbauen möchte, dem seien die regelmäßigen Yogastunden im Botanischen Garten empfohlen. Der Duft ätherischer Öle bringt Körper und Geist beim Yoga Flow und Yoga Nidra in Einklang. Jeder kann vorbeikommen. Die Yogastunden im „Hortus", wie die Amsterdamer ihren liebsten Garten nennen, sind für alle Altersgruppen und Niveaus geeignet.

Kraft und Freude tankt man hier im Sommer aber nicht nur mit Ruhe, sondern auch mit wundervoller Musik. Die Terrasse des kleinen Restaurants ist dann geöffnet und es wird zu Jazzabenden geladen. Verschiedene Künstler musizieren, oft improvisiert, direkt neben den weintrinkenden Gästen, die die laue Sommerbrise und die Geselligkeit des Abends genießen. Jede Woche wartet der Botanische Garten mit neuen Veranstaltungen auf. Ab und zu findet sogar ein Speed-Dating-Abend statt. Na, da findet doch jedes Blümchen sein Hälmchen!

- Hortus Botanicus, Plantage Middenlaan 2 a, 1018 DD Amsterdam
www.dehortus.nl
- ÖPNV: Tram 14, Haltestelle Mr. Visserplein oder Artis

Glück in Salzlake

75 „Haringhandel Jonk“ am Spui

Die Niederlande sind eine Seenation, und kaum etwas macht ihre Bewohner so glücklich wie der niederländischste aller Fische, der „Haring“. Jedes Jahr im Juni landet „Hollands Nieuwe“, also der neue Fang, in den vielen über Amsterdam verstreuten Fischbüdchen – ein wahrer Festmonat für Heringliebhaber. Dann ist der Matjeshering am saftigsten und leckersten, aber auch über das restliche Jahr hinweg sollte man sich diesen Gaumenschmaus nicht entgehen lassen.

Typischerweise wird er mit „uitjes en zuur“ verspeist, also mit Zwiebelchen und eingelegten Gurken und ohne Brot. Für manchen gewöhnungsbedürftig mag die Art und Weise sein, mit der die Niederländer ihren Haring am liebsten verzehren: Sie packen ihn hinten am Schwänzchen und lassen ihn mit ein paar Bissen die Kehle hinuntergleiten. Glücklicherweise ist es in Amsterdam durchaus auch üblich, den Haring in Stücke zu schneiden und diese mit einer kleinen Gabel aufzupieksen. Natürlich wird Hering auch in anderen Ländern verzehrt, aber nirgendwo ist dieses Fischlein so eng mit der nationalen Geschichte verwoben wie hier. Die niederländischen Geschichtsbücher sind voll von den Erlebnisberichten mutiger Heringsfischer, die der stürmischen See trotzen, um ihren Fang heil an Land zu bringen oder ihn vor englischen und schottischen Gourmet-Banausen zu retten. Ein altes niederländisches Sprichwort lautet „Haring in het land, dokter aan de kant“ – wer Hering isst, braucht keinen Arzt.

Einen der leckersten Heringe in Amsterdam serviert „Haringhandel Jonk“ am Spui, gleich in der Nähe des Blumenmarkts und nicht weit vom Dam entfernt. Wie viele andere Fischhändler der Stadt bezieht er seine frische Ware aus Volendam, einem malerischen Fischerörtchen in der Nähe Amsterdams.

- Haringhandel Jonk, Spui 7a, 1012 WX Amsterdam
haringhandeljonk.com
- ÖPNV: Tram 2, 11, 12, Haltestelle Spui, Tram 4, 14, 24, Bus 285, 287, Haltestelle Rokin

mmer

Ein Vintage-Möbelparadies

76 Die Geschäfte „Van Dijk en Ko“ und „Neef Louis“

Nicht weit entfernt von der NSDM-Werft im hippen Norden von Amsterdam befindet sich unser persönliches Möbelmärchenwunderland. Auf 2500 Quadratmetern bietet „Van Dijk en Ko“ eine Sammlung von Vintage-Möbeln aus verschiedenen Zeitepochen an, stundenlang können wir uns hier verlieren auf der Suche nach kleinen und großen Raritäten. Einrichtungsliebhabern schlägt das Herz schneller beim Anblick der riesengroßen Vitrinenschränke, alten Schulbänke, industriellen Esstische, niedlichen Wandregale, Hocker und Stühle in allen Variationen. Zwischen den Möbeln stehen und hängen allerlei besondere, manchmal auch absurde Einrichtungsgegenstände, gemixt mit Büchern, Vasen, Landkarten, altem Geschirr … Nicht selten haben wir uns während der Schatzsuche bei Van Dijk en Ko ein größeres Haus gewünscht! Hinter jeder Ecke wartet eine neue Überraschung – zum Beispiel die Ausstellungsfläche der Gezusters Stoop: Die beiden Schwestern sind in Amsterdam bekannt für ihre ausgefallenen Lampenschirme in allen Farben, Formen und Mustern. Die passenden Vintage-Lampenfüße stehen ebenfalls zum Verkauf.

Wer nicht nur antike Vintage-Möbel, sondern auch Designklassiker und den industriellen Stil liebt, der überquert den Innenhof und betritt „Neef Louis“. Große, schwere Industrielampen, Sofas und Stühle aus den 60er- bis 80er-Jahren, Tische und Sessel im Bauhausstil – auch bei „Neef Louis“ kann man stundenlang herumstöbern und sich vom riesigen Angebot verführen lassen. Nicht selten findet man begehrte Klassiker von Ikonen wie Eames oder Breuer.

So viel Möbelgucken macht durstig und hungrig, und zum Glück beherbergt „Neef Louis“ ein süßes kleines Café, das köstlichen Apfelkuchen, selbst gemachte Limonade und frische Sandwiches anbietet. Bei gutem Wetter sitzt man gemütlich im Innenhof, lässt sich die Sonne ins Gesicht scheinen und bewundert die im Hof ausgestellten Möbelstücke. Wer Kinder dabeihat, die nicht allzu viel Lust auf ausgedehntes Möbelshopping haben: Im Café stehen Spielsachen und kleine Fahrzeuge bereit.

- Van Dijk and Ko und Neef Louis Design, Papaverweg 46, 1032 KJ Amsterdam
www.vandijkenko.nl / www.neeflouis.nl
- ÖPNV: Bus 35, 36, 38, Haltestelle Slijperweg

Fernost ganz nah

77 Indonesische Küche im „Afhaalcentrum Manis“

Bei einem Besuch in Amsterdam fallen einem die vielen kleinen „Afhaal“-Shops auf: minimalistisch eingerichtete Lädchen, in denen eine große Theke steht, darin die unterschiedlichsten exotisch aussehenden Speisen, aus denen man sich ein leckeres Menü zusammenstellen und mit nach Hause nehmen kann.

Meist bietet ein solches „Afhaalcentrum“ surinamisches oder indonesisches Essen an. Wenn ein Niederländer sagt „We gaan lekker Indisch halen“, dann meint er nicht indisches, sondern indonesisches Essen.

Die Vermählung der holländischen mit der indonesischen Küche hat ihren Ursprung in der Kolonialzeit: „Nederland-Indië“ war der unter niederländischer Herrschaft stehende Vorläufer von Indonesien, und nachdem viele „Indonesisch-Niederländer“ im Zuge der Befreiung nach Holland emigrieren mussten, wurde auch das indonesische Essen zum festen Bestandteil der niederländischen Küche. Um das zu sehen, reicht der Gang in einen beliebigen Supermarkt: Hier stehen zehn verschiedene Sorten Saté-Soße im Regal, die aromatische Erdnusssoße, mit der in den Niederlanden auch zu Hause viel gekocht wird. „Kroepoek“ (Krabbenchips) werden oft in den traditionellen „Braunen Cafés“ als Snack zum Bier gereicht, und „Bami“ und „Nasi“ – in Indonesien leben viele Chinesen – sind niederländische Standardgerichte.

Am köstlichsten durch die indonesische Küche probieren lässt es sich bei einer traditionellen „Rijsttafel“: Neben einem großen Pott Reis werden einem unzählige kleine Schüsselchen mit gebratenem oder eingelegtem Gemüse, mit Fleisch, Fisch, Garnelen oder Eiern serviert. Ein Glücksmoment für alle Sinne!

Es gibt sehr viele gute Indonesier in Amsterdam, aber am liebsten essen wir bei „Blauw“ im Süden der Stadt oder bei „Kantjil en de Tijger“ in der Innenstadt. Und wenn es Indonesisch zum Mitnehmen sein soll, dann geht absolut nichts über das „Afhaalcentrum Manis“ im Jordaan, wo insbesondere die Satéspieße, also Hähnchenspieße mit Erdnusssoße, ein Gaumentraum sind.

- Afhaalcentrum Manis, Eerste Goudsbloemdwarsstraat 3, 1015 JV Amsterdam www.afhaalcentrummanis.nl
- ÖPNV: Bus 18, 21, Haltestelle Buiten Oranjestraat

Moment des puren Genusses

78

Schokolade vom Feinsten bei „Puccini Bomboni“

„Puccini Bomboni“ – hinter dem sinnlichen Namen verbirgt sich einer der zehn besten Schokoladen-Hersteller der Welt. Mitten in Amsterdam, gleich hinter der Staalmeestersbrug, an der all die gravierten Liebesschlösser hängen, werden die berühmten Pralinen in einer kleinen Manufaktur hergestellt.

In zwei Läden, in der Staalstraat, wo auch die Manufaktur ist, und an der Singelgracht, werden die geschmacksintensiven Pralinen verkauft. Wenn man eines der Geschäfte betritt, steigt einem sofort der herrliche Schokoladenduft in die Nase. Kein Wunder, denn die Pralinen bestehen alle mindestens zu siebzig Prozent aus Schokolade. Das wirklich Besondere an der Puccini-Schokolade ist allerdings, dass sie keinen Zucker, kein Fondant und keine Butter enthalten. Auch werden keine künstlichen Geruchs-, Farb- oder Geschmacksstoffe verwendet. Heutzutage ein echtes Qualitätsmerkmal. Ein wahres Paradies also vor allem für Schokoladenkenner. Sieben bis zehn Tage soll die Schokolade gut sein, weil die Zutaten frisch sind. Aber so weit haben wir es natürlich noch nie kommen lassen, denn dafür sind die Pralinen einfach viel zu schmackhaft!

Steht man in der kleinen Schlange im Laden, noch unschlüssig, welche Kreationen man sich in die schöne Schokoladenschachtel packen lassen möchte, kann man ein nettes Phänomen beobachten: Während die Wartenden vor einem meist aufgeregt philosophieren, welcher Geschmack der beste sei, werden die Schokoladenesser, die die ersehnte Praline endlich in ihrer Hand haben und sich auf die weiche Polsterung am Fenster des Ladens setzen, schlagartig ganz ruhig, halten inne, und plötzlich werden hier reihenweise die Augen geschlossen. Ein Moment des puren Genusses. Eine schönere Hommage an diese göttliche Schokolade könnte es doch fast nicht geben!

TIPP

Vorher einen alten Käse beim Käseladen gegenüber essen und danach eine Praline aus dunkler Schokolade wählen: eine fantastische Geschmackskombination!

● Puccini Bomboni, Singel 184, 1016 AA Amsterdam
www.puccinibomboni.com
● ÖPNV: Tram 2, 11, 12, 13, 17, Bus 282, 283, 384, Haltestelle Dam

Im Großstadtdschungel

79 Die einzigartige Pflanzenwelt des Ladens „Wildernis“

Das Geschäft „Wildernis“ hat eine Mission: Die Stadt soll grüner werden. Nicht nur den Wohnungen der Amsterdamer stehen schöne Topfpflanzen nämlich vorzüglich, sondern auch den Terrassen, Balkonen und Dächern der Grachtenstadt. Mila und Emma, die „Wildernis“ gegründet haben, erarbeiten deshalb zusammen mit anderen Green Professionals Projekte, die das Begrünen Amsterdams vorantreiben. Sie organisieren auch Workshops und Vorträge zu den Themen Pflanzen, Natur und städtischer Gartenbau.

Richtige Pflanzenprofis sind sie also – und weil die beiden alles wachsende Grüne so lieben, sprechen sie nicht nur darüber, sondern haben auch einen besonderen Laden mit außergewöhnlichen Topfpflanzen in der Bilderdijkstraat. Sieben Tage die Woche ist er geöffnet. Hier schlendert man durch Pflanzen, Töpfe, Bücher, Accessoires und grüne Geschenke. Die beiden beraten ihre Besucher auch gerne. Denn wie im wahren Leben gilt auch hier: Zu jedem Pflanzentopf passt ein Pflanzendeckelchen. Je nachdem, wie viel direktes Sonnenlicht in die Wohnung kommt, wie oft man Muße hat zu gießen und wie viel Platz man hat. In der dschungelartigen Oase werden sogar Kaffee, Tee und Kuchen serviert. An einem kleinen Cafétisch kann man dann beim herrlich duftenden Kaffee durch die gerade ausgesuchten Bücher blättern und sich inspirieren lassen oder mehr über den kurz zuvor gewählten Kaktus, Gummibaum oder den hippen „Chinesischen Geldbaum“ (der im Niederländischen übrigens übersetzt, wie könnte es anders sein, „Pfannkuchenpflanze“ heißt) erfahren.

Mila und Emma haben ihr Geschäft mit Bedacht eingerichtet. Sie wünschen sich, dass man, sobald man ihren kleinen Laden betritt, eine Art Frieden fühlt, der einen durchströmt. Das urbane Chaos soll von den Schultern fallen, die Neugierde auf all das Grün langsam aufsteigen, und wenn es dann unter den Nägeln brennt und man alles berühren möchte, dann haben sie ihr Ziel erreicht, dann hat das Grün einen übermannt. Und das ist dann die Kraft der Pflanzen!

- Wildernis, Bilderdijkstraat 165F, 1053 KP Amsterdam
  https://wildernisamsterdam.nl
- ÖPNV: Tram 7, 17, Bus 283, Haltestelle Bilderdijkstraat, Tram 3, Haltestelle Kinkerstraat

Regenbogenglück

80 Die Canal Parade der Amsterdamer Gay Pride

Amsterdam ist bekannt als eine der tolerantesten und offensten Städte der Welt. Leben und leben lassen – so lautet das inoffizielle Motto der Stadt. Es schlägt sich nieder in den liberalen Drogen- und Prostitutionsgesetzen, aber auch im besonderen Stellenwert der homosexuellen Community, die in den Niederlanden schon lange diskriminierungsfrei leben kann.

Wer erleben möchte, wie eindrucksvoll menschliche Vielfalt in Amsterdam gefeiert und gelebt wird, der muss die Stadt am ersten August-Wochenende besuchen: Dann steigt mit der Amsterdamer Gay Pride eine riesengroße Party, und die Stadt erstrahlt in allen Farben des LGBT-Regenbogens. Verteilt über das ganze Stadtgebiet finden über mehrere Tage hinweg Straßenfeste, Konzerte und Sportevents statt; jeder Besucher wird unweigerlich hineingezogen in diesen einmaligen Sog aus Freude, Toleranz und Weltoffenheit. Schon in der Woche davor sieht und erlebt man, wie die Stadt merklich bunter wird.

TIPP
Einen Besuch wert ist auch das weltweit erste Homo-Monument am Westermarkt.

Der absolute Höhepunkt der Amsterdamer Gay Pride ist die weltberühmte Canal Parade, eine Art Karnevalsumzug zu Wasser. Unter einem jährlich wechselnden Motto fahren 80 Boote über die Prinsengracht, ein Boot ist prächtiger gestaltet als das andere. Leicht bekleidete Menschen, fantasievolle Kostüme, wummernde Beats und vor allem eine unfassbar ausgelassene Fröhlichkeit formen ein Spektakel mit einzigartiger Anziehungskraft.

Mehr als eine halbe Million Besucher jubeln den Booten von den Kaimauern der Prinsengracht zu. Wer dabei sein möchte und einen guten Ausblick haben will, sollte sich also rechtzeitig einen Platz in den vorderen Reihen sichern. Bei so viel gut gelaunten Besuchern aus aller Welt macht selbst das Warten Spaß. Für Lokalkolorit sorgen die Boote der Polizei, der Feuerwehr und der Stadtverwaltung, auch sie feiern an diesem Tag die Vielfalt in Amsterdam und in ihren eigenen Reihen.

● Prinsengracht, 1016 GW Amsterdam
www.amsterdamgaypride.nl
● ÖPNV: Tram 13,17, Bus 282, 283, 284, Haltestelle Westermarkt

WE CAN BE HEROES

Herzlichen Dank auch an Chantal Hintze, Maja Kaerkes, Julia Corinth und an Rob Lindner.

Bibliografische Informationen der Deutschen Nationalbibliothek
Die Deutsche Nationalbibliothek verzeichnet diese Publikation in der Deutschen Nationalbibliografie; detaillierte bibliografische Daten sind im Internet über http://dnb.d-nb.de abrufbar.

3., aktualisierte Auflage 2024
Konzeption/Satz: Droste Verlag, Düsseldorf
Einbandgestaltung und Illustrationen: Britta Rungwerth, Düsseldorf unter Verwendung von Bildern von © Fotolia.com: jd – photodesign.de; © iStock: Plociennik Robert
Fotos: Mirjam Bleeker: S. 143 (Mit freundlicher Genehmigung von Mirjam Bleeker und SWEETS Hotel, Amsterdam); **Leonine Brünink:** S. 41, 115 (Instagram: @leo.estrellagraphy); **Richard de Bruijn**: S. 21 (Mit freundlicher Genehmigung des Willet Holthuysen Huis); **Café de Ceuvel:** S. 151 (Mit freundlicher Genehmigung des Café de Ceuvel, Amsterdam); **Frincus & Co:** S. 65; **Ghazi Hemdi, Dortmund:** S. 153 (Instagram: @ghazi_hemdi); **Petra Hoeksema:** S. 13 (Instagram: @bypetra); **Hotel De Goudfazant**: S. 45 (Mit freundlicher Genehmigung des Hotel De Goudfazant, Amsterdam);**Theresa Huber:** S. 89; **ICE* Amsterdam**: S. 37 (Mit freundlicher Genehmigung von ICE* Amsterdam); **Kantjil en de Tijger Amsterdam:** S. 161 (Mit freundlicher Genehmigung von Kantjil en de Tijger Amsterdam); **Jimin Kim, Seoul:** S. 99 (Instagram: @jiminious_); **Barbara Klingelhöfer:** S. 63, 101, 105, 133; **Ronja Klingelhöfer:** S. 67; **Koen Smilde Fotografie, Amsterdam:** S. 51 (Instagram: @koennemans); **Audrey Krief**: S. 135 (Mit freundlicher Genehmigung von Audrey Krief, My Little Patisserie, Amsterdam); **Rob Lindner:** S. 9, 23, 91, 103, 109, 125, 127, 145 (Instagram: @captured_by_rob); **Misc Store Amsterdam:** S. 73 (Mit freundlicher Genehmigung des Misc Store Amsterdam); **Oode**: S. 123 (Mit freundlicher Genehmigung von Oode, Marleen Kurvers, Amsterdam); **Pathé Tuschinski:** S. 147 (Mit freundlicher Genehmigung des Pathé Tuschinski, Amsterdam); **Jeroen Ploeger:** S. 167 (Mit freundlicher Genehmigung der Amsterdam Gay Pride); **Proeflokaal A. van Wees:** S. 19 (Mit freundlicher Genehmigung des Proeflokaal A. van Wees, Amsterdam); **Puccini Bomboni:** S. 163 (Mit freundlicher Genehmigung von Puccini Bomboni, Amsterdam); **Tallie Robinson:** S. 59; **Ellen Romeijn:** S. 129 (Instagram: @ellenromeijn); **Vladimir Selivanov:** S. 97 (Instagram: @vldmr.photo); **Anisha Spice:** S. 165 (Mit freundlicher Genehmigung von Wildernis Amsterdam); **Straat Museum/International Street Art Museum Amsterdam:** S. 43 (Mit freundlicher Genehmigung des Straat Museum); **Theetuin Overleek:** S. 111 (Photo courtesy of Theetuin Overleek); **Van Dijk en Ko**: S. 159 (Mit freundlicher Genehmigung von Van Dijk en Ko, Amsterdam); **Vondelpark Openluchttheater:** S. 17 (Mit freundlicher Genehmigung des Vondelpark Openluchttheater); **Weldaad Amsterdam:** S. 119 (Mit freundlicher Genehmigung von Weldaad Amsterdam); **Claudia Willmitzer:** S. 11, 15, 25, 27, 29, 31, 33, 35, 39, 47, 49, 53, 55, 57, 61, 69, 71, 73, 75, 77, 79, 81, 83, 85, 87, 95, 107, 113, 117, 121, 131, 137, 139, 141, 149, 155, 157 (Instagram: @claudiawillmitzer); **Thijs Wolzal:** S. 93 (Mit freundlicher Genehmigung des Het Grachtenhuis)

MIX
Papier aus verantwortungsvollen Quellen
FSC® C011279
www.fsc.org

Druck und Bindung: LUC GmbH, Greven
ISBN 978-3-7700-2575-6

www.droste-verlag.de